L'ALGÉRIE CONTEMPORAINE

LADY HERBERT

L'ALGÉRIE
CONTEMPORAINE ILLUSTRÉE

VICTOR PALMÉ
Rue des Saints Pères 76 Paris

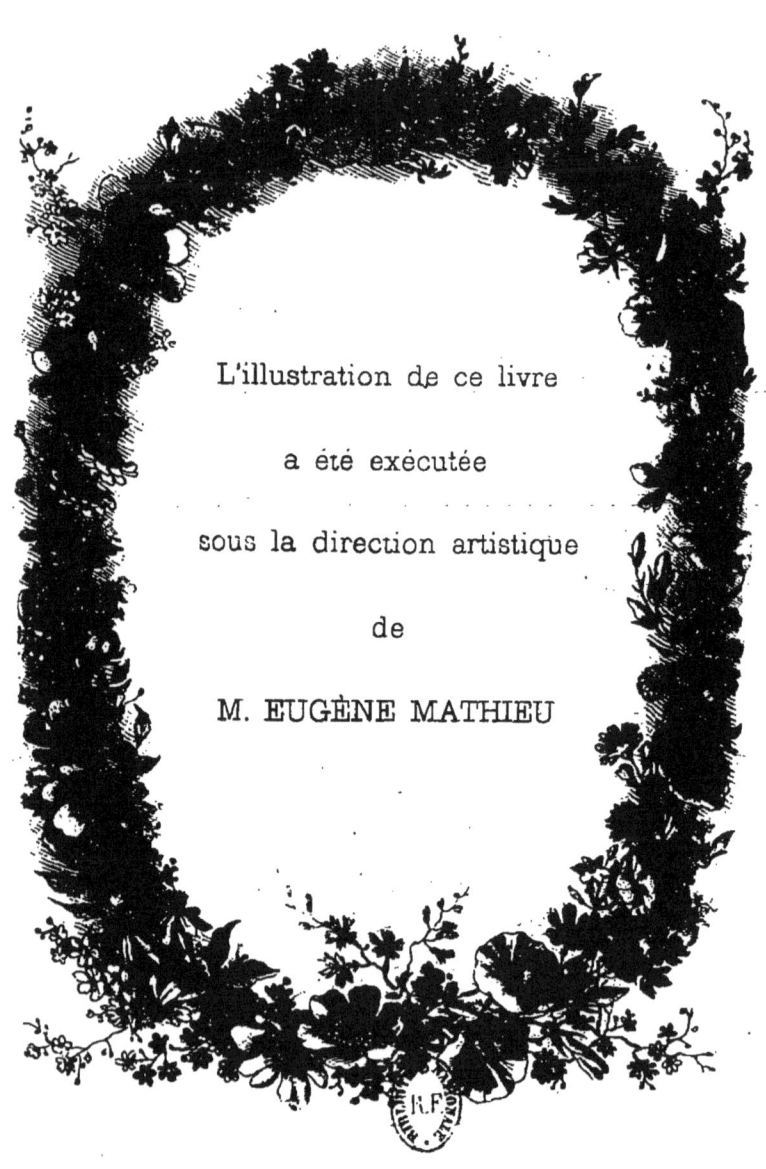

L'illustration de ce livre

a été exécutée

sous la direction artistique

de

M. EUGÈNE MATHIEU

SOMMAIRE DES DESSINS

Couverture et Titre, par Yan' Dargent.
1 Carte de l'Algérie, par Lassailly.
4 Aquarelles, par Adrien-Marie (types africains).
Lettres ornées, par A. de Bar

TÊTES DES CHAPITRES

Le rivage (Sahel).	Le désert (Sahara).
La ville arabe.	La montagne (el Kantra).
Le gourbi.	La plaine (Tell).

Les ravins de Constantine
par A. de Bar.

Portraits, par E. Mathieu.
Types, par Godefroy Durand et Ferat.
Sujets, par Tofani et Chovin.
Monuments, par Fichot.
Intérieurs et vues, par Jeanne.
Culs-de-lampe, par Julien.

Les documents, d'une rigoureuse exactitude, ont été pris sur des photographies et des dessins du pays.

LES GRAVURES ONT ÉTÉ EXÉCUTÉES

par MM. Sargent, Chapon, Thomas,
Froment, Navellier et Marie, Bervellier, Leveillé, Bure, Cabarteux,
Lepère, Feray, Farlet,
Vintraut, Mauduit, Tauxier, Johannet, Bauillotte.

L'impression, par M. A. Lahure.
Les fers à dorer, par M. Souze.
La reliure, par M. Engel.

CARTE D'ENSEMBLE DE L'ALGÉRIE ET DE LA TUNISIE

CHAPITRE PREMIER

ORAN ETTLEMCEN

MAROCAIN

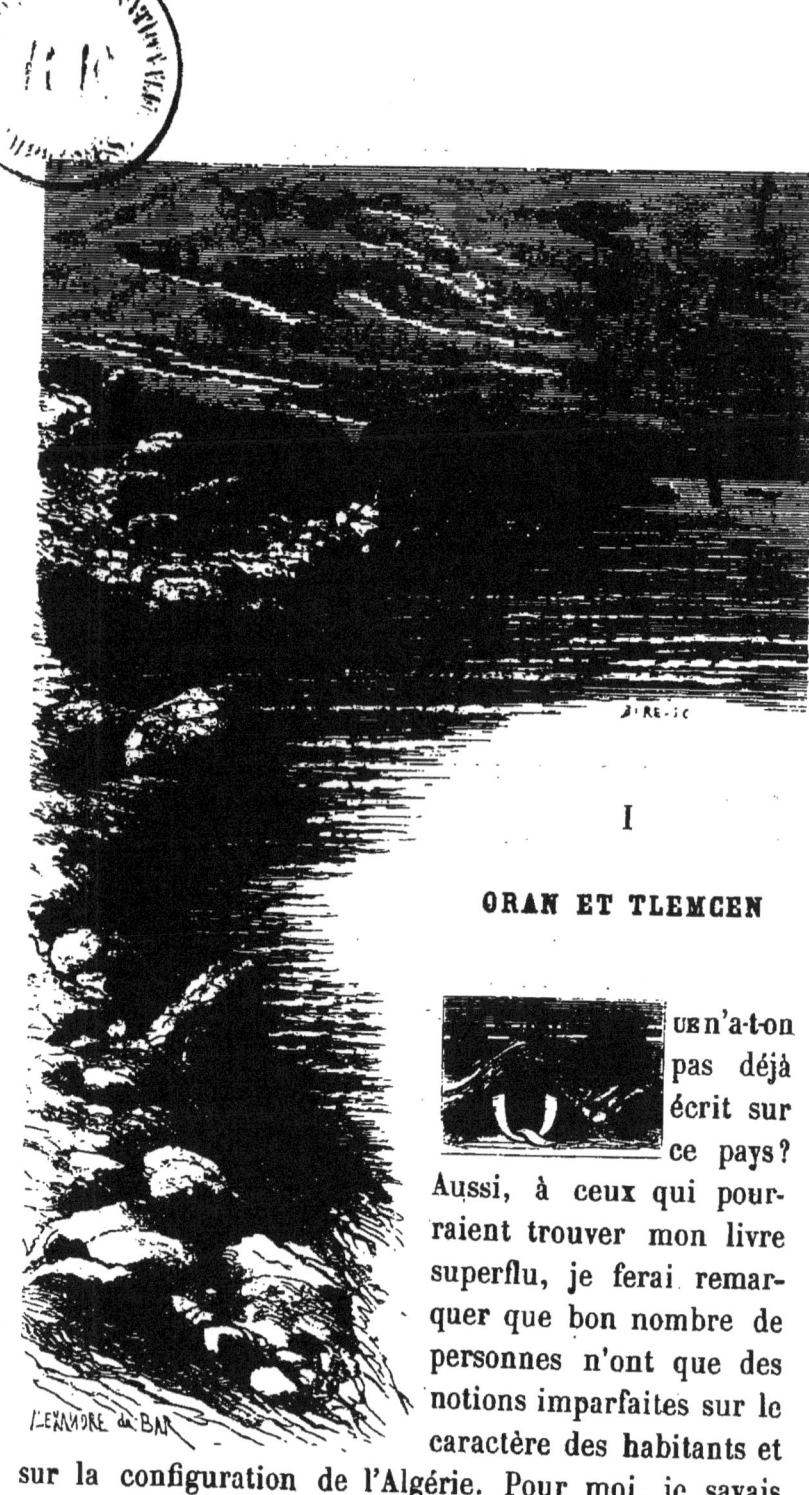

I

ORAN ET TLEMCEN

Que n'a-t-on pas déjà écrit sur ce pays? Aussi, à ceux qui pourraient trouver mon livre superflu, je ferai remarquer que bon nombre de personnes n'ont que des notions imparfaites sur le caractère des habitants et sur la configuration de l'Algérie. Pour moi, je savais bien, avant mon excursion dans ces contrées, que le territoire français du nord de l'Afrique comprend les trois provinces d'Alger, d'Oran et de Constantine; mais j'ignorais complètement que la nature elle-même a partagé ce pays en zones distinctes, parallèles à la mer, et qui ont chacune leur physionomie particulière.

La première est le *Sahel*, ou rivage, région maritime, centre naturel du commerce, parce que c'est là que sont situées les villes importantes.

La seconde est le *Tell*, plaines vastes et fertiles, qui s'étendent depuis le Sahel jusqu'aux chaînes neigeuses de l'Atlas.

La troisième, appelée par les Français les *Hauts Plateaux*, consiste entièrement en montagnes et en ravins, cultivés çà et là, mais surtout propres aux pâturages.

La quatrième zone est le *Sahara*, ou désert, immense région sablonneuse, parsemée d'oasis, de palmiers-dattiers, autour desquels se groupent des gourbis ou cabanes de terre. Les habitants de ces oasis sont d'une indigence extrême; ils se nourrissent principalement de dattes, et, lorsque la récolte vient à manquer (comme cela arrive dans les années de sécheresse), ils en sont réduits à mourir de faim.

Les indigènes ne sont pas tous Arabes, comme on serait tenté de le croire; les races qui habitent ces zones diverses, sont parfaitement distinctes les unes des autres.

Il est vrai qu'après la chute de l'empire romain et la cruelle invasion des Vandales, les Arabes, à leur tour, s'emparèrent des côtes de la Méditerranée : car, l'an 643 de Jésus-Christ, le calife Omar[1] envoya 80,000 hommes qui ravagèrent cette contrée et forcèrent ses habitants à embrasser la religion du Prophète; toutefois ils ne parvinrent

Types kabyles.

pas à soumettre les Kabyles ou Berbères, d'origine chananéenne, mélangée de sang vandale. Ceux-ci se retirè-

1. Omar, deuxième calife, était cousin de Mahomet au troisième degré. Il conquit la Syrie, la Perse, l'Égypte et une partie de l'Afrique. Ce grand conquérant détruisit, dit-on, 40,000 temples chrétiens et fit élever 1400 mosquées. Après la conquête de Tripoli, en 644, Omar fut assassiné par un fanatique arabe.   (*Note du traducteur.*)

rent dans les montagnes pour conserver leur indépendance, et ne se plièrent jamais sous le joug des Arabes, bien qu'ils aient adopté, pour la forme seulement, la religion des conquérants. Lorsqu'au seizième siècle l'Algérie devint une province de l'empire ottoman, les Kabyles se refusèrent constamment à payer des impôts au gouvernement turc. Leur langue n'a aucune analogie avec celle des Arabes. Ils sont laborieux et sédentaires. Le Kabyle, qui a une demeure fixe, cultive la terre avec le plus grand soin, et aime ses montagnes avec passion. Outre ces deux races aborigènes, il y a encore les Maures, ou Arabes des villes; les Koulouglis, nés de pères turcs et de mères mauresques; les Nègres de l'intérieur de l'Afrique, et enfin les Juifs, qui forment une portion considérable de la population d'Alger. Mais je reviendrai plus tard sur ce sujet.

J'avais le plus vif désir de voyager en Algérie, et surtout de faire l'essai de certaines sources chaudes qu'un médecin de Paris m'avait indiquées comme très efficaces pour guérir les rhumatismes. Mon premier projet avait été de passer par la France; mais je dus y renoncer, à cause de la guerre avec la Prusse. Au mois de janvier 1871, je m'embarquai donc pour Gibraltar avec ma fille aînée, sur le vapeur *Bangalore*, de la Compagnie péninsulaire et orientale. Jamais je n'oublierai les horreurs de la traversée : vents contraires, tangage et roulis affreux, le bâtiment encombré de passagers se rendant aux Grandes-Indes, et, chose étrange, d'une multitude de « babys », qui criaient nuit et jour sans interruption; le mal de mer qui me cloua pendant quatre jours sur ma couche. Enfin, le sixième jour, nous débarquâmes à Gibraltar. Nous avions eu pour compagnon de voyage un monsieur âgé, qui avait été fort maltraité par les nègres de la Jamaïque, lors de la révolte qui eut lieu contre le gouverneur Eyre : le pauvre monsieur nous raconta que les noirs lui avaient fendu la tête et l'avaient laissé pour mort, tandis que l'ami chez lequel il demeurait avait été massacré, ainsi que toute sa famille.

Comme nous montions la rue étroite et à moitié anglaise qui conduit à l'*hôtel du Cercle*, notre courrier vint nous dire d'un air tout consterné qu'il n'y avait plus une seule chambre de disponible dans aucun des hôtels de l'endroit. Force nous fut d'entrer dans un restaurant pendant qu'il continuait ses recherches. Notre inquiétude ne fut toutefois pas de longue durée : à peine étions-nous assises, que nous vîmes entrer le général sir Fenwick Williams, de Kars, gouverneur de Gibraltar, qui insista de la façon la plus obligeante pour nous loger chez lui. Nous n'apprîmes que plus tard que notre hôte nous avait cédé son propre appartement, toutes les autres pièces étant occupées. La résidence du gouverneur porte encore le nom de « couvent », parce que c'était autrefois un monastère de franciscains. Sir Fenwick Williams ne cessa de nous combler d'égards pendant notre séjour à Gibraltar. Mais il fallait continuer notre route.

Le vicomte de Fontaine, consul français, homme du meilleur monde, s'empressa de nous retenir des places sur un petit *steamer* français qui faisait deux fois par mois la traversée d'Oran. Nous nous embarquâmes donc, le 2 février, sur *le Spahi*. Hélas ! j'y retrouvai ma mauvaise étoile : en vain nous voulûmes braver un vent furieux et une pluie torrentielle, il ne fut pas possible à notre bâtiment de sortir de la rade ce jour-là. Le gouverneur, qui avait prévu ce contre-temps, nous envoya chercher dans sa chaloupe, et il nous fut très agréable, à ma fille et à moi, d'échapper encore pour quelques heures aux fureurs de l'élément perfide. Le lendemain matin, la mer s'étant apaisée, nous nous embarquâmes de nouveau ; et, au bout de vingt-six heures de traversée, nous entrions dans le port de Nemours, première ville de l'Afrique qui s'offrit à nos regards. Nous avions beaucoup souffert du mal de mer. La table, à bord du *Spahi*, était abominable ; heureusement que sir Fenwick Williams avait eu l'aimable attention de nous envoyer une bourriche bien garnie, qui nous fut aussi d'un immense secours pendant les premières semaines de notre voyage. Nous avions également, pour nous consoler, la société d'un beau lévrier appelé Coquet, qui ne nous quittait pas un instant et folâtrait avec nous comme un petit chat.

Nemours, l'ancien port arabe de Djemma-Razaouat (la Mosquée des Pirates), est aujourd'hui une petite ville sans importance, qui sert d'entrepôt au commissariat. Les Français la rebaptisèrent, lorsqu'elle fut évacuée par les troupes vaincues d'Abd-el-Kader. C'est ici que l'émir, vêtu du haïk blanc et du burnous double de sa tribu, avec un cordon de poil de chameau enroulé autour de sa tête, se rendit au duc d'Aumale, et, descendant de sa jument favorite, ainsi que lui blessée dans le combat, plaça sa bride dans la main du duc en lui disant d'un ton solennel : « Jamais je ne remonterai à cheval : prends celui-

Abdel-Kader se rend au duc d'Aumale.

ci, et puisse-t-il te porter bonheur ! » Le souvenir de ce noble chef, que nous avions vu à Damas se faire le champion des chrétiens persécutés, nous fit seul trouver un peu d'intérêt dans cette ville insignifiante. Il ne reste des anciennes constructions mauresques ou arabes qu'un fort et un château en ruines, perchés sur des falaises de quartz remplies de cristaux, qui étincellent comme des glaciers aux feux du soleil d'Afrique.

Sur la place, encadrée des cafés, restaurants, estaminets de rigueur, nous vîmes des enfants indigènes sortir en foule d'une grande maison, qui se trouva être le couvent des dames Trinitaires, ordre religieux chargé de l'enseignement dans presque toute la province d'Oran : on compte plus de deux cent cinquante de ces sœurs actuellement à l'œuvre dans les écoles. Ces dames portent un costume blanc et noir, avec une croix rouge brodée sur la poitrine. La mère supérieure, voyant que nous étions des étrangères, nous invita à entrer et à prendre du café. Il y avait environ cent cinquante petits enfants arabes et mauresques dans la salle d'asile, et dans l'école communale une cinquantaine de belles jeunes filles, tenues très proprement, mais qui avaient presque toutes des maladies d'yeux.

En allant sur la plage inondée d'un soleil radieux, qui nous faisait revivre, nous nous croisâmes avec un groupe pittoresque d'Arabes arrivant de l'intérieur du pays, en compagnie de deux ou trois spahis. Ces derniers, fièrement drapés dans leurs vêtements blancs, sur lesquels était jeté un manteau rouge, se promenaient d'un air majestueux, que rehaussait encore leur taille haute de plus de six pieds. A voir leur belle démarche, on les prendrait pour les véritables seigneurs du pays ; et, il faut l'avouer, les Européens font une bien triste figure à côté d'eux.

Lorsqu'on eut fini de décharger notre cargaison, nous retournâmes à bord, et cette fois-ci le temps nous fut favorable. La mer était unie comme une glace. Cette côte pittoresque, avec ses rochers, ses promontoires, ses golfes aux sables étincelants, et çà et là une antique forteresse espagnole ou une mosquée en ruines sur les hauteurs, tout nous donnait à chaque instant une envie dé-

Port d'Oran

mesurée de débarquer. Il était minuit lorsqu'on jeta l'ancre dans le petit port si animé d'Oran. Le commandant de place, averti par une lettre de l'aimable vicomte de Fontaine, nous envoya chercher dans sa chaloupe, avec nos bagages, et nous épargna ainsi les ennuyeuses formalités de la douane. Il faisait un clair de lune magnifique. Nous nous empressâmes de nous rendre à l'*hôtel de la Paix*, où nous fûmes obligées de nous contenter de deux chambres au troisième : ce qui ne nous souriait pas du tout, mais il n'y en avait pas d'autres.

J'avoue qu'Oran me causa une grande déception. J'avais lu des descriptions enthousiastes de ses édifices, et surtout du Château-Neuf, ancienne résidence des beys d'Oran, qui rivalisait, dit-on, avec le fameux palais de Constantine ; et je me trouvais dans une ville de garnison, aux rues banales, aux rangées de casernes à l'aspect triste et uniforme. Les maisons, bâties à la française, avec quatre ou cinq étages, offrent, par leur élévation, bien des dangers dans un pays sujet aux tremblements de terre. On n'a point oublié, je pense, celui de 1790, qui causa tant de ravages.

Dans notre promenade à travers la ville, je remarquai deux tours antiques, quelques pans de murailles anciennes, et çà et là un écusson aux armes de l'Égypte ; mais, en dehors de ces rares vestiges du passé, la main destructive des conquérants n'a rien épargné.

Le lendemain de notre arrivée était un dimanche : je me rendis à la cathédrale Saint-Louis, dont l'histoire est vraiment curieuse... Cet édifice, qui était dans l'origine une mosquée arabe, fut transformé par le cardinal Ximenès en temple catholique, sous le vocable de Notre-Dame des Victoires, et confié par lui à la garde de religieux bernardins, qu'il appela d'Espagne dans ce but. De 1708 à 1732, ce sanctuaire servit de synagogue, puis tomba en ruines. En 1839, l'église fut restaurée par les Français et dédiée à saint Louis. Elle a la forme d'un long parallélogramme, partagé en trois nefs. Le sanctuaire, qui est fort vaste, est orné de fresques dues au pinceau de M. Saint-Pierre : l'artiste y a représenté, au milieu, saint Louis débarquant à Tunis, et, sur les côtés, saint Jérôme et saint Augustin. Les armes du cardinal Ximenès [1] se voient encore sur la voûte du chœur. Derrière le maître-autel se trouve une petite chapelle, style du quinzième siècle : c'est tout ce qui reste de l'église conventuelle des bernardins. Les orgues, construites à Valence, ont leurs tuyaux disposés en éventail, selon l'usage espagnol. En entrant dans la cathédrale, je fus saisie d'étonnement de la voir remplie d'enfants. Ma surprise cessa lorsque je visitai le couvent et les belles écoles des dames Trinitaires, à deux pas de Saint-Louis : ces religieuses ont environ 1500 élèves, qui assistent presque toutes à la grand'messe.

De retour à l'hôtel, je trouvai le consul d'Angleterre (un Génois), qui venait m'offrir, avec une courtoisie extrême, de tout arranger pour notre voyage à Tlemcen. Le commandant de place suivit de près, avec sa calèche, que nous acceptâmes d'autant plus volontiers qu'on ne trouve pas de voitures à louer dans la localité. Il nous conduisit autour des forts bâtis par les Français, jusqu'au faubourg de Kerguenta, appelé le village nègre, bien qu'en réalité il serve de refuge à tous les indigènes

---

1. Le cardinal Ximenès, homme d'une vertu austère et d'un vaste génie politique, contribua puissamment à la gloire de la monarchie espagnole sous le règne de Ferdinand et d'Isabelle la Catholique. Il fit exécuter la célèbre Bible polyglotte qui porte encore son nom, et gouverna la Castille avec fermeté. En 1509, il fit à ses frais la conquête d'Oran. Il avait été confesseur de la reine Isabelle, qui le fit nommer archevêque de Tolède. Il prépara l'avènement de Charles-Quint au trône, et mourut, dit-on, de chagrin, en 1517, lorsque ce prince ingrat le relégua dans son diocèse, sous prétexte qu'il disait avoir besoin de repos. (*Note du traducteur.*)

chassés de la ville par la civilisation française. Des Arabes étaient assis à la porte de leurs gourbis (misérables huttes de terre sans toitures), ou autour de leurs enclos, fumant leurs chibouques, et enveloppés de la tête aux pieds dans leurs longs haïks blancs : ils avaient un air sombre et malheureux. Quelques chiens maigres et affamés rôdaient autour de leurs maîtres, et des ânes qui n'avaient que la peau et les os complétaient ce triste tableau. Aussi nous respirâmes plus librement lorsque le commandant nous

Forts français.

fit prendre le boulevard Oudinot, situé au pied de la Kasbah (forteresse) et planté de beaux arbres. Nous descendîmes de voiture pour faire le tour des fortifications du Château-Neuf par la belle promenade de l'Étang. C'était quelque chose de délicieux d'errer sous ses frais ombrages, de respirer le parfum des fleurs des tropiques dont elle est remplie, et de jouir en même temps d'un point de vue magnifique sur les environs.

En rentrant par la rue Louis-Philippe, nous aperçûmes un petit minaret octogone, orné de fines sculptures et formant l'angle d'un ancien mur mauresque. Poussées par la curiosité, nous entrâmes dans une cour en marbre, au milieu de laquelle une fontaine versait son eau, indispensable pour les ablutions prescrites par la loi de Mahomet ; tout autour s'élevaient des arcades dentelées, à double rang de colonnes ; les murailles étaient recouvertes d'« azuléjos » (sorte de plaques de faïence émaillée), dont les vives couleurs charmaient nos regards. Nous pénétrâmes jusque dans la mosquée, qui est du même style. La chaire était placée dans un enfoncement richement décoré, appelé « mihrab » par les Arabes. Deux ou trois musulmans étaient en prière dans un coin, et se prosternaient la face contre terre. Lorsqu'ils nous virent entrer, ils proférèrent mainte et mainte malédiction sur nous, d'après ce que nous dit notre guide. Oran possède une autre mosquée célèbre, celle de Sidi-el-Haouri, saint personnage auquel on attribue des miracles extraordinaires, que le peuple croit avec une foi aveugle : c'est du reste une partie de l'enseignement religieux qu'on lui donne.

Voici une de ces légendes musulmanes :

Pendant la guerre des Espagnols contre les Maures une pauvre femme vint un jour trouver Sidi-el-Haouri pour se plaindre de ce que son fils avait été pris et emmené captif en Andalousie. El-Haouri lui dit de prier Dieu avec confiance, d'aller chercher un plat de viande avec du bouillon ; ce que la pauvre mère fit avec empressement. El-Haouri avait une levrette apprivoisée, qui allaitait ses petits ; il prit la chienne sur ses genoux, lui parla et lui donna à manger ce que la femme venait d'apporter. Aussitôt l'animal partit, courut sur le port, et s'embarqua sur un vaisseau qui faisait voile pour l'Espagne. La levrette ne fut pas plus tôt débarquée qu'elle rencontra le jeune captif qui revenait du marché, où il avait été acheter de la viande pour son maître; elle s'élança sur lui, lui arracha la viande des mains, courut

Le Retour.

sur le rivage, et sauta sur un vaisseau qui venait de lever l'ancre et partait pour Oran. Le jeune Maure avait poursuivi la levrette sur le pont, et l'avait reconnue comme l'animal favori du saint : il se cacha donc en toute hâte parmi les marchandises, et arriva sain et sauf dans sa patrie. La levrette retourna chez son maître auprès de ses petits ; et l'heureuse mère raconta, en pleurant de joie, comment son fils lui avait été rendu, grâce aux prières du saint et à l'intelligence de la chienne.

Quant à moi, qui suis fermement convaincue que le chien a quelque chose de plus que de l'instinct, après avoir fait la part de l'exagération d'un récit oriental, cette histoire ne me paraît pas aussi invraisemblable qu'elle en a l'air.

Il y a une jolie excursion à faire d'Oran au fort de « Santa-Cruz », situé sur le point culminant d'une montagne, d'où il domine la ville, les environs et le rivage, de sorte que, par un temps serein, l'on distingue parfaitement Carthagène et les côtes d'Espagne. Ce magnifique panorama nous dédommagea amplement des fatigues de l'ascension. En descendant, nous nous arrêtâmes auprès d'une petite chapelle construite en 1849 pour accomplir un vœu de reconnaissance envers Dieu de la cessation du choléra. Depuis cette époque, elle n'a cessé d'être un lieu de pèlerinage très fréquenté.

Le lendemain nous fîmes une partie champêtre à Mers-el-Kébir, ancienne forteresse construite par les Maures pendant leur occupation de l'Espagne, et qui leur servait alors d'entrepôt de commerce avec l'Europe. Cette forteresse était devenue un véritable nid de corsaires : les Français s'en sont emparés, et l'ont transformée en prison militaire.

Après avoir traversé un tunnel, dont la voûte était tapissée de coquillages bivalves fossiles, nous suivîmes une route récemment construite par les ingénieurs français tout autour du golfe, et nous arrivâmes aux sources thermales de la princesse Jeanne, fille de la reine Isabelle de Castille et mère de Charles-Quint.

Les Arabes qui ont des maladies de peau, viennent se baigner ici, et les habitants d'Oran fréquentent beaucoup ces eaux en été. Un sentier de chênes conduit à une grotte creusée dans une roche de quartz, d'où la source jaillit et coule dans un bassin à raison de plus de 500 litres par minute. L'eau, claire et limpide, est légèrement salée. Il y a plus bas un tout petit établissement, qui comprend huit ou dix petits cabinets de bains, des salles de douches, et le tout bien tenu. Dans l'intérêt des hommes de l'art, je donne ici l'analyse de ces eaux, faite par le docteur Bertrand, qui les considère comme souveraines pour la guérison des rhumatismes.

Eau.	1.000 grammes.
Chlorure de soude.	5.256 —
Chlorure de magnésie	4.017 —
Sulfate de magnésie.	420 —
Carbonate de chaux.	1.078 —
Silex	809 —
	12.580 grammes.

Des thermes de la princesse Jeanne nous nous rendîmes au joli petit village maritime de Saint-André, dont toute la population était occupée en ce moment à amener sur la plage un immense filet plein de sardines. Un banc de ces poissons venait d'être signalé à l'entrée du golfe : aussi, hommes, femmes, enfants, s'agitaient, criaient, tiraient les cordes, sautaient dans l'eau jusqu'à mi-jambes, enfin ne se possédaient pas de joie. Ces pêcheurs portaient des jupes jaunes plissées et des bonnets rouges, d'une si belle nuance, que Mary avait une envie démesurée d'en acheter sur-le-champ.

Dix minutes après avoir quitté Saint-André, la voiture nous déposa au pied de l'antique forteresse, construite sur un bras de terre qui s'avance dans la mer comme une jetée naturelle. A l'entrée on voit une fontaine mauresque, surmontée des armes de Ferdinand le Catholique; sur le portail et les tours, de nombreuses inscriptions en latin et en espagnol rappellent les noms des souverains et des gouver-

Campement au pied de la forteresse.

neurs qui ont occupé cette forteresse au seizième et au dix-septième siècle. Mers-el-Kébir, le *Portus divinus* des Romains, est tombé successivement entre les mains de tous les conquérants de l'Afrique septentrionale : aussi offre-t-il un mélange des styles les plus divers, romain, mauresque, espagnol; aujourd'hui ce n'est plus qu'un édifice moderne à la française. Un officier du génie nous fit visiter le fort de fond en comble, sans oublier la prison militaire.

Les détenus y passent de deux à cinq ans. On leur

permet pour toute récréation une promenade sur le bastion qui donne sur la mer. Il me fut impossible d'éveiller quelques sentiments de pitié pour les pauvres prisonniers dans le cœur de notre guide, dont l'austère devise était : « La discipline avant tout. » Cet officier était tout fier de sa forteresse. En nous montrant la mer immense, du haut de la tour du télégraphe, il s'écria : « Ah! ces gredins de Prussiens! qu'ils montrent seulement leur nez à l'horizon! » et il nous désignait du doigt les énormes canons qui avaient l'air de dormir dans leurs embrasures. La croyance que les Prussiens essayeraient de s'emparer de l'Algérie, était universelle dans l'armée d'Afrique. Pour ne pas froisser les sentiments de notre guide, nous le laissâmes dire ; d'ailleurs, rien n'eût pu ébranler sa confiance dans le succès de ses batteries. Nous le remerciâmes de son obligeance ; à quoi il répondit, en nous faisant le salut militaire, qu'il était plus que récompensé par l'honneur qu'il avait eu de nous accompagner.

Le lendemain nous nous disposâmes à aller présenter nos hommages à Mgr Callot, pour lequel on m'avait donné une lettre d'introduction. Chemin faisant, nous rencontrâmes une religieuse qui se rendait auprès de l'évêque d'Oran pour affaires, et nous lui donnâmes une place dans notre voiture. La maison de campagne du prélat est d'une simplicité extrême ; sa chapelle est si exiguë, qu'elle peut à peine contenir son modeste personnel ; en revanche, il a un jardin magnifique, dans lequel il nous montra une statue de Notre-Dame de Fourvière, d'un travail admirable, qu'il avait rapportée de Lyon, sa ville natale.

Monseigneur nous fit un récit navrant de la famine qui avait sévi parmi les Arabes trois ans auparavant (1867), et qui avait décimé la population d'Oran. Plus tard, à Alger, on nous donna des détails terribles sur ce fléau. Comme cela arrive presque toujours, les fièvres avaient succédé à

La Famine.

la famine, et la mortalité était devenue effrayante. Le bon évêque avait fait dresser des tentes dans la plaine de Mers-el-Kébir; et là, assisté de quatre ou cinq membres de son clergé, il soignait les malades, distribuait des vivres, veillait auprès des agonisants et des défunts, que l'on comptait par milliers. C'était affreux, nous disait Monseigneur, de voir de pauvres petits enfants se disputer avec acharnement les quelques grains d'avoine tombés du sac qui contenait la provision destinée à son cheval. Un des prêtres attachés à Mgr Callot mourut victime de son dévouement. Quant aux orphelins, qui n'étaient que trop nombreux, hélas ! Monseigneur les confia aux soins des religieuses établies à Misserghin, premier relai entre Oran et Tlemcen. Il nous recommanda de ne pas manquer d'aller voir cette institution, à laquelle naturellement il portait un grand intérêt. Une des ressources principales de cet orphelinat consiste dans la récolte de « l'alfa[1] », plante textile qui sert à fabriquer du papier, des nattes, des paillassons et d'autres objets que l'on exporte d'Oran. A notre retour, nous achetâmes dans le premier bazar de cette ville une grande natte de cet « alfa », quelques jolis vases mauresques et un vieux châle cramoisi d'une nuance ravissante, semblable à ceux dont se couvrent les femmes juives dans ce pays.

A l'*hôtel de France*, on nous installa dans deux drôles de petites chambres, qui n'étaient accessibles que par un escalier extérieur. Elles étaient occupées par un officier français, que le propriétaire de l'hôtel déposséda sans cérémonie, en notre faveur : aussi, au bout de quelques minutes, l'ordonnance vint très humblement me réclamer

---

[1]. L'alfa fut employé d'abord en Angleterre, en 1867, par les propriétaires d'un journal, pour la fabrication du papier. Il est nécessaire d'y mélanger de la pâte de chiffons en petite quantité : sans cela le papier d'alfa serait trop cassant. Cette graminée paraît avoir été connue des anciens : Pline et Strabon en parlent dans leurs écrits. De leur temps, on s'en servait déjà pour faire des nattes, des corbeilles, etc. (Voir l'article *Alfa* dans le *Magasin pittoresque*, année 1866.) (*Note du traducteur.*)

« le sabre et les bottes de M. le capitaine », qui se trouvaient, à mon insu, être en ma possession.

Le consul d'Oran nous avait donné des lettres de recommandation pour les notabilités de Tlemcen. Après avoir secoué la poussière du voyage, nous louâmes une petite voiture pour visiter les environs, et, en premier lieu, la villa de M. Guès, située dans un bois d'orangers semblables à ceux de Sidon, en Syrie. Malheureusement, M. Guès souffrait d'une attaque de goutte, qui l'empêcha de nous faire les honneurs de sa propriété; il nous envoya son domestique pour nous servir de guide et d'interprète, et poussa la courtoisie jusqu'à se traîner dans son jardin, pour nous cueillir lui-même un bouquet magnifique de roses et de violettes de Parme; il regrettait beaucoup que la saison ne fût pas plus avancée, pour pouvoir nous offrir des fleurs rares qui font l'ornement de sa belle propriété.

Notre guide arabe, s'étant placé auprès du cocher, lui indiqua le village d'El-Eubbad ou Sidi-bou-Meddin, dont le gracieux minaret avait attiré nos regards. Pour y arriver, nous traversâmes le cimetière arabe et une rangée de bosquets d'oliviers, qui me rappelaient tout à fait ceux de Menton. Nous descendîmes de voiture et nous gravîmes une rue déserte et escarpée, bordée de gourbis, qui nous conduisit devant une porte en bois ornée d'arabesques, par laquelle nous entrâmes sous un portique carré, pavé « d'azulejos », qui donnait accès à droite dans la mosquée, et à gauche au tombeau du saint Sidi-bou-Meddin. On descend par quelques marches dans une cour extérieure (dans le genre de celles qu'on appelle « patio » en Espagne), entourée d'arcades reposant sur des colonnes d'onyx et d'albâtre oriental. Au milieu s'élevait une belle fontaine mauresque, et tout autour, sur des bancs de pierre recouverts de nattes, plusieurs jeunes filles étaient accroupies. Elles avaient les sourcils peints, les yeux noirs, un teint d'une fraîcheur éclatante : toutes étaient d'une beauté remarquable. Des lanternes fantastiques et des cages remplies d'oiseaux chanteurs garnissaient les arceaux ou étaient accrochées contre les murailles, recouvertes d'inscriptions arabes, des vues de la Mecque, des images de la main et des fameuses pantoufles de Mahomet.

La Main de Mahomet.

Le tombeau du saint, placé dans une salle intérieure, est en bois sculpté, couvert de riches tentures d'or et d'argent ; au-dessus se balancent des bannières ornées d'inscriptions arabes, des œufs d'autruche, et l'on voit çà et là quelques flambeaux, qui ne ressemblent pas mal à notre cierge pascal ; les portes et le plafond sont couverts de fines sculptures, d'arabesques et de caractères coufiques[1].

---

[1]. Les caractères cufiques ou coufiques sont ceux dont se servaient les Arabes avant le quatrième siècle de l'hégire (622), époque qui correspond au commencement du onzième siècle de l'ère chrétienne.
(*Note du traducteur.*)

Minaret de la mosquée de Sidi-bou-Meddin.

La lumière du jour ne pénètre ici que par des espèces de meurtrières garnies de vitraux de couleur; des lanternes, des glaces et des images sont accrochées sur les murs, un peu à la façon des ex-voto dans les lieux de pèlerinages catholiques.

Par égard pour les sentiments de notre guide, nous nous déchaussâmes en entrant; mais il ne parut pas nous en savoir gré le moins du monde. Il se prosternait sur le riche tapis la face contre terre, et buvait de temps en temps de l'eau du puits sacré, dont la margelle est nouée par la chaîne qui sert depuis plus de six cents ans à tirer de l'eau pour les nombreux pèlerins. Tout auprès on voit un cercueil en marbre, qui contient la dépouille mortelle du disciple chéri du saint; et à droite de l'escalier on a enterré plusieurs personnes de haute naissance et d'une piété éminente, qui ont obtenu le privilège de reposer à côté de Sidi-bou-Meddin. Il est impossible de ne pas respecter la foi naïve de ces pauvres gens, bien que ce soit affligeant de les voir ainsi plongés dans l'erreur et l'ignorance de la vérité.

Nous remontâmes par un escalier assez raide dans la mosquée, qui nous frappa par sa beauté extraordinaire. Sous une coupole richement décorée, onze degrés de marbre conduisent aux portes d'entrée, qui sont en cèdre massif, incrusté de plaques de bronze en losanges d'un travail exquis; les poignées, les gonds, les serrures, sont remarquables. On pense que ces portes furent le prix de la rançon d'un Espagnol, qui avait été captif ici au seizième siècle, et qui les fit venir de sa patrie, où l'on excellait alors dans ce genre d'ornementation. A droite de cette

Intérieur de la mosquée de Sidi-bou-Meddin.

entrée s'élève un minaret recouvert « d'azulejos[1] » à l'extérieur. Nous eûmes bien du mal à grimper jusqu'au faîte, mais nous fûmes récompensées par une vue magnifique de la campagne environnante. Après avoir traversé une grande cour carrée, entourée de cloîtres que soutiennent des colonnes de marbre, nous pénétrâmes dans la mosquée proprement dite, qui ressemble beaucoup à l'Alhambra. On y retrouve les mêmes arcades dentelées, les mêmes intersections de colonnes, le même dôme si admirablement sculpté et les mêmes arabesques sur les murailles. Le « mihrab » ou sanctuaire, avec ses colonnes d'onyx, est un chef-d'œuvre; la chaire ou « minbur » est en bois de cèdre sculpté. Cette description peut donner une idée exacte des autres mosquées de Tlemcen; mais celle de Sidi-bou-Meddin est incontestablement la plus belle de toutes.

Nous liâmes conversation avec le derviche qui nous avait servi de guide, et qui était aussi maître d'école. Il nous conduisit au « medvesa » ou collège de son village, qui communique avec la mosquée par un cloître, dans lequel donnent toutes les cellules des élèves; mais l'établissement est aujoud'hui désert et mal tenu, et il ne reste que quelques sculptures sur les murs pour rappeler la grandeur passée de cette institution. Les garçons seuls reçoivent de l'instruction. « Les filles n'en ont pas besoin : elles n'ont pas d'âme; elles meurent comme des chiens. » Telle fut la réponse du derviche à la question que je lui

---

1. Les Arabes se servaient de ces « azulejos », ou plaques de faïence émaillée, pour revêtir leurs édifices. Le célèbre palais des rois maures, l'Alhambra de Grenade, en offre des spécimens très anciens. On rencontre aussi des pavés en « azulejos » dans quelques habitations de la Palestine.
(*Note du traducteur.*)

posai sur l'éducation des femmes. Elles sont pourtant assez belles pour mériter un meilleur sort.

Pour rentrer à la ville, nous traversâmes une seconde fois le cimetière arabe, rempli de « koubbas » ou tombeaux de forme sphérique, dont les petits dômes sont ombragés par d'énormes oliviers, et nous allâmes visiter la mosquée d'El-Haloui, qu'on pourrait appeler le patron de Tlemcen, et dont voici l'histoire. El-Haloui naquit à Séville[1], où il devint cadi (juge) ; puis tout d'un coup il quitta sa patrie, sa fortune et ses honneurs, pour aller faire un pèlerinage à Tlemcen. Là il ouvrit une petite

Petite Koubba.

boutique de confiseur, et se mit à distribuer des bonbons et des sucreries (appelés halaouat) aux enfants, qui lui donnèrent le sobriquet de « Haloui ». Lorsqu'il les eut attirés autour de lui par ses friandises et ses bouffonneries, il changea subitement de ton et commença à les exhorter, ainsi que la foule qui grossissait rapidement, et cela avec tant d'éloquence, que toute la ville se convertit. Le bruit des miracles qu'il opérait, parvint jusqu'aux oreilles du sultan, qui le nomma gouverneur de ses fils ;

---

1. Séville fut la capitale d'un des plus beaux royaumes fondés en Espagne par les Maures. Ferdinand le Saint le leur reprit en 1248, deux siècles avant que Ferdinand le Catholique fit la conquête de celui de Grenade.

(*Note du traducteur.*)

mais cette nomination fit ombrage au grand visir. El-Haloui fut accusé, jugé et condamné, comme sorcier, à avoir la tête tranchée hors de la ville. Le soir même de cette exécution, qui avait soulevé l'indignation publique au plus haut degré, au moment où le « boubouab » (portier de la ville) avertissait selon l'usage les retardataires qu'ils eussent à rentrer avant qu'on fermât les portes, il entendit une voix sépulcrale lui crier : « Ferme tes portes, boubouab ! il n'y

Sultan.

a plus personne dehors, sauf El-Haloui l'opprimé ! » Pendant sept jours la même voix se fit entendre, répétant les mêmes paroles, et déjà le peuple commençait à murmurer ouvertement. Le sultan, ayant appris ces choses, vint lui-même un soir à la porte de la ville, et s'en retourna en s'écriant : « J'ai voulu entendre, j'ai entendu. » Le lendemain matin, le grand visir fut mis à mort au même endroit où El-Haloui avait été exécuté. Il fut enterré vivant dans un tas de mortier ; et, pour apaiser le saint, on construisit sur son tombeau la belle mosquée qui porte encore aujourd'hui son nom. Elle contient de fort belles colonnes d'albâtre oriental; son minaret, revêtu d' « azulejos », est très remarquable. Une cigogne avait bâti son nid sur le faîte, et couvait tranquillement ses œufs, tandis que le mâle, immobile à ses côtés, avait l'air de veiller sur elle.

Comme nous traversâmes le village nègre situé non loin de la mosquée de Sidi-el-Haloui, il en sortit un essaim

Marabout de Si-Daoudi, près Tlemcen.

de petits enfants nus, aux cheveux crépus, qui nous regardèrent avec un étonnement tout à fait comique. Nous aperçûmes aussi une autre mosquée abandonnée aujourd'hui.

Laissant notre voiture à la belle porte en fer à cheval, nous voulûmes explorer la ville et les bazars ; mais, à l'exception de ces châles rouges que nous avions vus à 'Oran, et d'un immense chapeau en feuilles de palmier, nous ne trouvâmes rien à notre goût. Sur une grande place inondée de soleil, on avait mis à sécher une quantité de laine teinte de ce beau rouge écarlate que donne la cochenille. Ayant aperçu des enfants arabes qui entraient en foule sous une porte basse, nous eûmes la curiosité de les suivre : à notre grande surprise, nous nous trouvâmes dans l'intérieur d'une jolie petite mosquée, coupée par des arcades en fer à cheval et des colonnes d'onyx, qu'on avait convertie en collège français-arabe. Le « minbur » (chaire) est encore à sa place ; le dôme et les côtés sont ornés de sculptures d'un travail exquis. La mosquée la plus remarquable de la ville est celle de Djama-Kébir, dont la cour extérieure est pavée d'albâtre ; la fontaine du milieu est de la même matière. Des mains ignorantes ont badigeonné sans miséricorde tout l'intérieur, de sorte que ce bel édifice n'a conservé de ses riches décors de l'époque saracénique absolument rien que la chaire. Le minaret est revêtu d' « azulejos » de ce magnifique vert-bleu dont l'art céramique ne possède plus le secret de nos jours. Comme on demandait au prince qui avait fait élever cette tour, de faire graver une inscription à la base pour immortaliser son nom, il répondit : « Inutile ! Dieu le sait ! » sentiment digne de l'imitation même des chrétiens.

A trois kilomètres de Tlemcen, se voient des ruines intéressantes, appelées « Mansourah »; elles sont d'une étendue considérable : on dirait le fantôme d'une ville déserte, dont l'enceinte est formée par des remparts crénelés, de ce tuf rougeâtre que le touriste rencontre si fréquemment dans les monuments de la campagne de Rome. De nombreuses tours sont placées de distance en distance, et un minaret de 45 pieds de hauteur s'é-

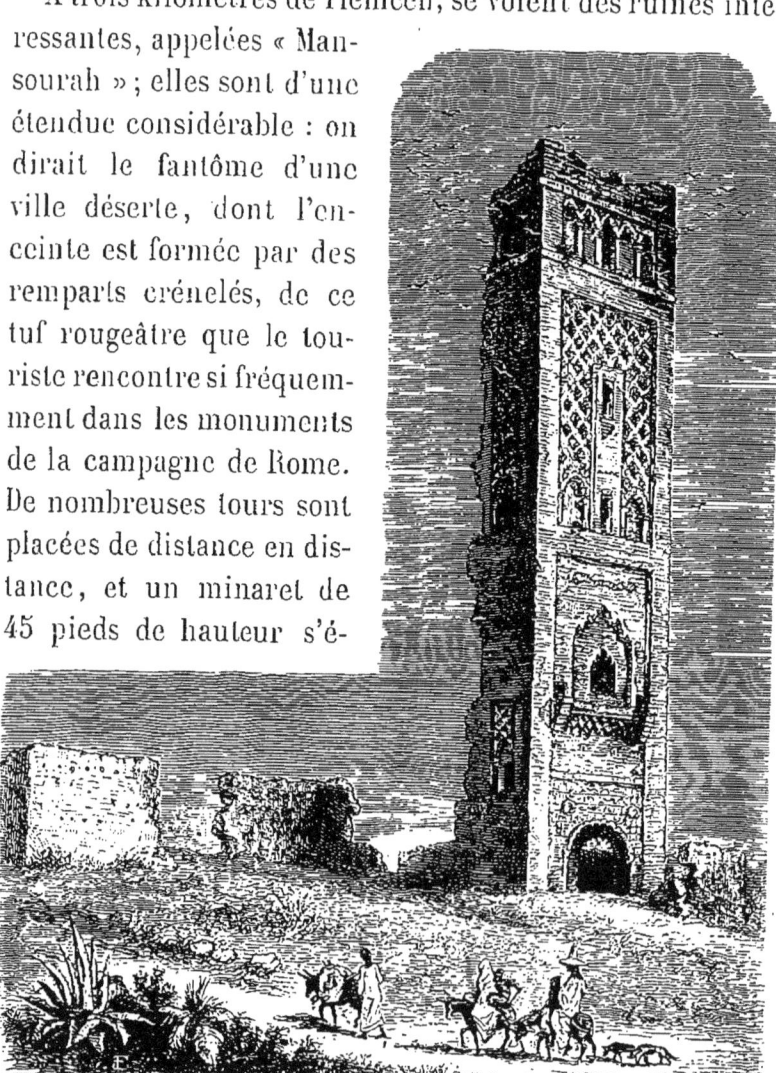

Tour d'El-Mansourah.

lève à l'ouest : il est construit en briques allongées, de cette forme particulière aux premiers édifices de l'archi-lecture romaine, et revêtu de faïence émaillée ; son portail dentelé, soutenu par des colonnes d'onyx, porte encore le nom du sultan qui le fit construire. Cette ville étrange, appelée El-Mansourah ou « la Victorieuse », fut bâtie par Abou-Yacoub au treizième siècle, pendant qu'il assiégeait Tlemcen. Le siège durait déjà depuis huit ans ; mais le sultan avait juré de prendre l'antique cité, et, comme en attendant il désirait jouir de tout le bien-être possible, il fit construire El-Mansourah pour lui et son armée, l'enrichit de bains, de mosquées, en un mot, s'entoura de tout le luxe de la civilisation orientale. Tlemcen fut enfin forcée de se rendre ; mais lorsqu'elle eut ouvert ses portes au vainqueur, El-Mansourah fut abandonnée. Abou-Yacoub ne fut pas témoin du triomphe de ses armes, car il fut assassiné peu de temps avant la reddition de Tlemcen.

Notre itinéraire nous indiquait une multitude de colonnes d'albâtre et d'inscriptions fort intéressantes, que nous ne trouvâmes plus, parce qu'elles ont été transportées au musée d'Alger ; cependant nous vîmes quelques entablements recouverts d'inscriptions, que l'on conserve au musée de Tlemcen. Cette ville fantôme d'El-Mansourah a vraiment un cachet extraordinaire. Tout en errant au milieu de ses fortifications silencieuses, nous méditions sur l'énergie persévérante de ce sultan, qui n'avait pas reculé devant une dépense aussi énorme pour arriver à son but.

Dès que nous fûmes de retour à Tlemcen, nous allâmes dénicher, au fond d'une affreuse ruelle, un vieux photographe nommé Pedro : c'était le seul individu qui pût nous procurer des vues de la ville. Ce Pedro était un fier original : il nous fit asseoir au milieu de sa petite cour, sur les deux uniques chaises qu'il possédait, jeta sur nos genoux un énorme rouleau de photographies non montées, et nous dit de faire notre choix. Pendant ce temps il faisait poser un timide chasseur d'Afrique, qui était venu se faire immortaliser pour « sa chère amie ».

Bab-el-Khamis (porte du Jeudi), ruines de Mansourah.

Nous choisîmes une vingtaine de vues (sans indications, comme toutes les autres), pour lesquelles il nous demanda une somme des plus modiques. Quant au pauvre chasseur, agacé par les commentaires auxquels l'artiste se livrait sur sa personne, il prit la fuite en marmottant qu'il reviendrait un autre jour.

Épuisée de fatigue d'avoir vu et examiné tant de choses, je déposai Mary à l'hôtel, et je me dirigai vers l'église, qui est hors de la ville. C'est un fort bel édifice, du style normand[1]. Ici, comme durant tout le cours de mon voyage en Algérie, je fus frappée du soin que les Français apportent à construire des églises et à fonder des écoles congréganistes partout où se trouve une station militaire ou même un petit groupe de colons. Le docteur Bennett, de Londres, dans son ouvrage intitulé : *Un Hiver sur les bords de la Méditerranée*, parle avec enthousiasme de ce trait du caractère français dans le passage suivant :

« Bien que l'établissement des Français en Algérie ait
« été entrepris dans un but politique et militaire, on ne
« saurait nier que c'est aussi une œuvre de propagande
« religieuse, et, pour ainsi dire, la première grande inva-
« sion faite au quartier général de l'erreur musulmane
« depuis l'époque des croisades. Le succès remporté par
« les Français est donc celui du christianisme et de la
« civilisation moderne : aussi toutes les nations chré-
« tiennes de l'Europe devraient être très reconnaissantes
« envers la France de ce qu'elle a fait en Algérie, et se
« montrer disposées à la seconder dans sa noble entre-
« prise. »

Je remarquai dans l'église un magnifique autel en albâtre. Nous y assistâmes à la bénédiction du saint Sacrement, qui fut donnée avec beaucoup de pompe. Puis je me rendis chez les dames Trinitaires, que je trouvai toutes consternées : on était en pleine révolution, et la question de l'instruction laïque opposée à l'instruction religieuse était agitée avec autant de violence dans

---

1. Ce style, qui est bien caractérisé, se distingue, entre autres choses, par la grande richesse de son ornementation. (*Note du traducteur.*)

l'Afrique septentrionale qu'elle l'est aujourd'hui dans presque toute l'Europe.

Le succès du parti radical en France avait enhardi les « rouges » en Algérie : ils avaient fermé les écoles communales et défendu aux sœurs de faire la classe. Les

Église catholique de Tlemcen.

parents cependant, qui n'étaient pas de l'avis du conseil municipal, préféraient envoyer leurs enfants chez les religieuses plutôt que chez les humbles institutrices laïques, de sorte que les pauvres petites filles étaient là bien à l'étroit dans une maisonnette malsaine, au lieu d'être dans les belles classes qui avaient été bâties à leur intention par le gouvernement impérial. Il en avait été de même pour les écoles des frères de la Doctrine chrétienne; et, à la grande rage des autorités, les garçons se pressaient en foule dans les maisons particulières des frères, d'où on les expulsa à plusieurs reprises, mais en vain : les garçons s'obstinaient à suivre les frères partout, et, grâce à leur persistance, ils finirent par remporter la victoire.

Parmi nos lettres de recommandation, il s'en trouvait une pour M. de Siegnette, chef du bureau arabe, interprète militaire français, homme distingué et intelligent, qui avait de longs états de services. Il voulut bien nous accompagner à cheval jusqu'aux cascades d'El-Ourit, à environ deux lieues de la ville. On y arrive par un chemin qui serpente dans une vallée riante, remplie de vergers, de bosquets d'orangers, de cerisiers et de lauriers-roses, fermée par une magnifique chaîne de montagnes, qui forme, à l'endroit des cascades, une enceinte inaccessible, sauf aux pieds agiles des chèvres. Ces chutes d'eau me rappelèrent beaucoup celles de Terni, en Italie. A El-Ourit, l'eau se précipite par ricochets sur une paroi de rochers rougeâtres, et se trouve parfois cachée par la riche végétation dont elle est revêtue. A l'époque où je vis cette cascade, la tendre verdure printanière entrevue çà et là à travers l'arc-en-ciel formé par les rayons du soleil tombant sur la nappe d'eau donnait à cette scène un aspect vaporeux et féerique, qui ne sortira jamais de ma mémoire. Nous avions quitté nos montures pour mieux contempler ce spectacle, et nous grimpâmes jusque dans des cavernes qui s'ouvrent sur le flanc de la montagne, afin de cueillir des fougères ravissantes, tandis que de jeunes chevriers, à un signe de M. de Siegnette, nous apportaient d'énormes bouquets de violettes doubles. Il nous apprit que, pendant la saison des cerises, toute la population de Tlemcen dresse des tentes dans cette délicieuse vallée, et s'y installe jusqu'à ce que la récolte soit terminée.

M. de Siegnette avait amené avec lui un spahi attaché à son service, dont le costume pittoresque et le manteau écarlate faisaient notre admiration. A propos de ce corps, notre aimable compagnon de route nous donna mille détails curieux. Il paraît que, de même que les cipayes indiens, les spahis ont des moyens occultes de communication, qu'ils appellent « le chemin de fer souterrain », et qui les mettent, avec une rapidité incroyable, au courant de tout ce qui se passe. Ainsi, la semaine précédente, il y avait eu une tentative de révolte de spahis à Souk-Harras, sur la frontière de Tunis; les officiers de Tlemcen venaient seulement d'en entendre parler, lorsqu'ils découvrirent que leurs spahis avaient eu connaissance de ce projet et de sa non-réussite, tandis que les autorités européennes étaient dans l'ignorance complète de cette affaire. Ceci rend naturellement les officiers français très méfiants; ils savent bien qu'ils ne peuvent compter sur la fidélité de leurs soldats : car, du moment que ces derniers pourraient avoir des chances de leur côté, ils ne manqueraient pas de se soulever contre leurs chefs.

Le temps nous manqua, à notre vif regret, pour aller visiter les grottes remarquables qui se trouvent au delà de la forêt de palmiers, et dont nous avions acheté de curieuses photographies : nous nous contentâmes de voir en passant quelques « koubbas » voûtées et en fer à cheval, ainsi que le Mechouar, ancien palais des émirs, dont il ne reste aujourd'hui que des pans de murailles, un portail et une mosquée admirable. Les Français y ont commis de grands dégâts : ils ont converti les portions les plus intéressantes de l'édifice en casernes et en hospices.

M. de Siegnette nous conduisit ensuite au musée, où M. C. Brosselard a réuni toutes les antiquités qu'il a pu sauver du vandalisme des soldats. Mais les objets les plus curieux ont été transportés à Alger, à l'exception de deux belles colonnes d'albâtre du Mechouar, et de plusieurs tablettes portant des inscriptions romaines. Les maisons particulières, avec leurs « patios », leurs colonnades et leurs arcades mauresques, sont extrêmement jolies ; l'une d'elles surtout attira mes regards par son magnifique escalier et sa belle galerie sculptée à jour, autour des arcades de laquelle étaient suspendus des guirlandes et des festons gracieux de pampres et de grenadilles, qu'un léger zéphyr agitait doucement.

Je voulus retourner encore une fois au bazar avec M. de Siegnette. On nous y fit asseoir sur des divans, et l'on nous régala de café et de pipes, tandis que nous marchandions ces fameux châles rouges de Tlemcen. Nous en achetâmes un brodé en or, pour environ le double de sa valeur. Nous étions encore là lorsqu'un Arabe apporta au marchand une peau de panthère criblée de trous par le plomb du chasseur, qui cette fois l'avait échappé belle. Je remarquai dans ce bazar une foule de bibelots et d'antiquailles, que j'avais une envie démesurée d'acheter; mais je résistai à la tentation lorsque je me demandai comment au retour je m'y prendrais pour rapporter tous ces objets en Angleterre. Ce que je regrette par-dessus tout, ce sont des lampes grotesques en poterie

Province d'Oran. Arabes amenant une hyène aux autorités pour recevoir la prime.

verte, qui ne coûtent que quelques sous et qu'on ne fabrique que dans cet endroit.

Nous repartîmes le soir même pour Oran, et ce n'est pas sans regret que nous avons dit adieu à Tlemcen. M. Guès eut l'aimable intention de nous envoyer un fort beau bouquet de roses et de violettes de Parme. Après mille souhaits bienveillants, dont le petit groupe qui entourait la porte de l'auberge se fit l'écho, nous grimpâmes dans l'incommode diligence, et, après avoir descendu doucement la côte, nous nous trouvâmes de nouveau, par une nuit obscure, au milieu de la plaine déserte et silencieuse couverte de palmiers nains.

Vers six heures du matin, nous arrivâmes à Misserghin. Je désirais néanmoins visiter les orphelinats arabes, pour lesquels l'évêque d'Oran m'avait donné une lettre d'introduction; malheureusement il n'y avait pas moyen de se procurer une voiture quelconque, si nous abandonnions la diligence, qui ne s'arrêtait que tout juste le temps de changer de chevaux : je dus donc me résigner à donner un simple coup d'œil à l'extérieur de l'orphelinat et de l'église, et j'entrevis les bonnes sœurs qui se rendaient à la messe. Bien que j'aie vu plus d'un établissement de ce genre dans la province d'Alger, j'ai toujours regretté de n'avoir pu tenir la promesse que j'avais faite à Mgr Callot : car l'orphelinat de Misserghin est la seule institution de ce genre, dans la province d'Oran, qui rappelle, par un côté consolant du moins, les malheurs que l'Arabe, dans son langage pittoresque, a si bien nommé « l'année de la mort ».

CHAPITRE DEUXIÈME

MILIANAH, TENIET-EL-HAD ET BLIDAH

II

MILIANAH, TENIET-EL-HAD ET BLIDAH

'aube n'avait pas encore paru lorsque nous quittâmes Oran pour prendre le train de six heures au nouveau chemin de fer qui reliera plus tard cette ville à Alger, mais qui actuellement s'arrête à Lavrande. Le paysage n'offre aux regards qu'une

vaste plaine stérile et des palmiers nains jusqu'à Orléansville, où il devient boisé et riant. Cette ville moderne est bâtie sur les ruines d'une antique cité romaine, qui présente un grand intérêt à l'archéologue ecclésiastique. En 1843, on découvrit une belle basilique, dédiée à saint Réparatus, avec la date de sa mort, l'an 456 de l'ère mauritanienne. Le pavé, en mosaïque (rouge, blanc et noir), fut trouvé intact. Parmi les inscriptions, il y en a une qui constate que la pose de la première pierre de cette église eut lieu le 20 novembre 325, avec ces paroles : MENTE HABEAS SERVVM DEI [1]..., qui se rapportent évidemment au fondateur, dont le nom a été effacé par le temps ; et sur une pierre d'autel en marbre on lit : BEATIS APOSTOLIS PETRO ET PAVLO, tandis que les mots SANCTA ECCLESIA et SATVRNINVS SACERDOS sont répétés en plusieurs endroits, comme s'ils se rapportaient à l'évêque sous l'épiscopat duquel la basilique fut consacrée. Il est extrêmement rare de trouver un aussi grand nombre d'inscriptions chrétiennes dans ce pays : la plus grande partie de celles d'Orléansville ont été transportées au musée d'Alger.

Nous eûmes pour compagnon de voyage le préfet d'Oran, qui venait d'être nommé gouverneur général de l'Algérie, un rouge de la plus belle nuance, qui, croyant que je devais nécessairement être protestante, puisque j'étais Anglaise, ne se gêna nullement pour me faire l'exposé de ses opinions sur la religion et l'éducation. Inutile d'ajouter que je n'avais pas la moindre sympathie pour ses théories. Ce personnage

---

1. Souvenez-vous du serviteur de Dieu... (*Note du traducteur.*)

avait été adjoint au maire de Constantine, et son avancement rapide avait donné lieu à force commentaires malveillants. Bien que ses principes fussent diamétralement opposés aux miens, je dois dire en conscience qu'il fut extrêmement poli, et nous fournit plus tard l'occasion de visiter une portion intéressante de la province de Constantine, d'une manière très agréable.

La voie ferrée traversait maintenant la belle et fertile

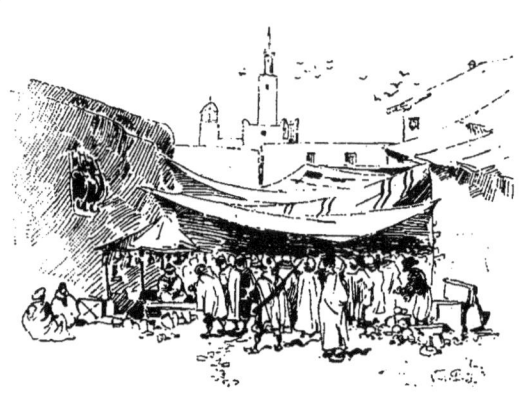

Marché arabe à Affreville.

plaine du Chéliff, rivière au courant rapide, que nous côtoyâmes jusqu'à Milianah. A Lavrande (ainsi nommée en mémoire d'un général de ce nom tué à Sébastopol), nous descendîmes du train pour faire en omnibus les douze kilomètres qui nous séparaient encore de notre destination.

Après avoir traversé Affreville, où se tient un grand marché arabe, la route tourne brusquement pour monter dans une gorge magnifique, mais si escarpée, qu'il nous semblait gravir à pic les murailles d'une maison. Un torrent impétueux coule au fond de cet entonnoir. De loin en loin, des moulins et des ponts pittoresques jetés sur le ruisseau égayaient un peu cette scène sauvage. Le chemin en zigzag, qui se déroulait devant nous sur des pentes presque inaccessibles, nous rappelait, sur une plus grande échelle, le paysage des environs de Chaude-Fontaine[1] et de Liège...

A mi-chemin nous fîmes une halte dans un caravansérail, afin de donner aux chevaux le temps de se reposer un peu. Il y avait là une foule d'Arabes accroupis

Une halte.

dans un gourbi, buvant ensemble du café et battant la mesure aux sons monotones d'un tam-tam, spectacle qui nous devint très familier à Tunis, mais qui nous parut alors d'une nouveauté étrange. Il était bien dix heures du soir lorsque nous arrivâmes à l'excellent petit *hôtel d'Isly*, à Milianah : car, vu la terrible montée dont j'ai parlé, nous avions mis quatre heures à faire un trajet de

---

1. Chaude-Fontaine, près de Besançon, département du Doubs.
(*Note du traducteur.*)

deux lieues et demie. L'hôtesse nous servit un délicieux potage bien chaud dans le restaurant de son hôtel primitif, et nous conduisit ensuite dans deux chambres d'une propreté exquise, égayées par de bons feux de sarments qui pétillaient dans l'âtre, luxe que le froid de cette région élevée ne rendait point inutile. Nous avons conservé un fort bon souvenir de cette Française à l'air bienveillant qui nous reçut si bien à Milianah.

Le lendemain matin, par un soleil radieux, je me rendis à l'église, qui est située à l'extrémité de la place. C'était un dimanche. On y célébrait une messe militaire, et, comme à l'ordinaire, j'y trouvai un régiment de sœurs et d'enfants. Le curé de l'endroit, neveu de feu Mgr Pavy, archevêque d'Alger, est non seulement un saint ecclésiastique, il est aussi très bon prédicateur.

Après le dîner, Mary et moi nous allâmes nous promener par la ville, qui est assise sur un plateau élevé au-dessus d'une plaine magnifique, bornée par de hautes montagnes, dont la plupart sont couvertes de neige. A partir des remparts, le terrain en pente douce est couvert de vignobles, d'amandiers, d'abricotiers et de cerisiers soigneusement cultivés dans de petits jardins en terrasses, arrosés par les ruisseaux qui descendent des montagnes. Nous remarquâmes sur la Petite-Place un minaret converti en tour d'horloge, d'où retombaient des plantes grimpantes en festons gracieux. Nous errâmes par les rues arabes, admirant ici des figures pittoresques, là des étoffes aux riches couleurs. Sur la place du Marché, des chameaux étaient agenouillés ; ils avaient l'air bien doux, ce qui ne les empêchait pas de grogner et de montrer les dents dès qu'on essayait de les charger.

Le chargement des chameaux.

Un peu plus loin, nous aperçûmes une belle mosquée et une « koubba », dernière demeure de Sidi-Mohammed-ben-Yusset, saint qui vécut dans l'indigence, grand thaumaturge et remarquable surtout par ses épigrammes et ses satires en vers, qui sont passées en proverbes chez les Arabes. Il s'est montré très sévère à l'endroit des femmes de Milianah, qui, disait-il, « usurpaient la place « à des hommes, et commandaient quand elles devraient « plutôt obéir. » Ainsi nous voyons que la question du droit des femmes était déjà à l'ordre du jour dans cette région lointaine, il y a plus de quatre cents ans !

La cour extérieure de cette mosquée est entourée d'une

double colonnade, dont les arcades en fer à cheval sont ornées d'« azulejos » à jour. Un beau bassin en marbre occupe le centre, selon l'usage invariable. L'intérieur de l'édifice est revêtu de faïence émaillée aux vives couleurs. Au-dessus du tombeau flottaient des bannières de soie, entremêlées de lanternes et d'œufs d'autruche. Le plafond et la chaire sont en bois de cèdre peint; les portes extérieures sont en bronze et garnies d'énormes clous, pareils à ceux de la célèbre porte de Tolède. Dans des cabinets sombres et mystérieux, des Arabes étaient assis; ils nous firent enlever nos chaussures avant de nous laisser entrer dans le sanctuaire, mais ne se montrèrent pas autrement hostiles. J'ai toujours pensé cependant qu'ils proféraient force malédictions sur nous, et que la crainte seule les empêchait de nous couper la gorge. Nous sortîmes ensuite de la ville par une belle avenue de platanes, d'où l'on découvre le mont Zakkar, et nous entrâmes dans le jardin botanique. Toutes les variétés d'arbustes et de plantes réussissent à merveille dans ce terrain; et j'admirai la sagesse dont Mgr Lavigerie avait fait preuve en choisissant cette région si belle, si fertile et si salubre, pour y installer sa jeune colonie d'Arabes chrétiens. Mais je reviendrai plus tard sur ce sujet.

L'après-midi, après les vêpres, je voulus faire connaissance avec les sœurs de la Doctrine chrétienne, qui dirigent une école fréquentée par plus de trois cents enfants. Dans le courant de la semaine, la municipalité radicale avait fait une visite domiciliaire chez les religieuses, et s'était d'abord montrée très satisfaite des progrès des élèves, lorsqu'un de ces messieurs, prenant des mains d'une petite fille un Nouveau Testament qu'elle étudiait, dit à la supérieure : « Comment ! vous osez enseigner ceci ? » — « Monsieur, » répondit la supérieure avec sang-froid, « je suis religieuse, et, tant que je serai ici, j'enseignerai la religion à ces enfants. » Il se mit alors à insulter aux images pieuses et au crucifix qui étaient dans la classe, en s'écriant : « Il faut balayer tout cela ! » Mais les

La Sœur et le Conseiller municipal.

autres conseillers municipaux, honteux de sa violence et un peu tenus en respect par la douceur et la dignité de la supérieure, lui imposèrent silence et se retirèrent tranquillement, sans avoir mis leurs menaces à exécution.

Le soir nous retrouva sur la belle terrasse qui domine la vallée. Le soleil couchant éclairait de ses derniers rayons la cime et les flancs neigeux du Waransenis, montagne qui sert comme de fanal à toute cette contrée, et avec laquelle nous devions bientôt faire ample connaissance. Je regrettai beaucoup de n'avoir pas apporté mes matériaux pour esquisser : car, à Milianah, on rencontre de tous côtés des points de vue admirables. Ce doit être un séjour délicieux au printemps et au commencement de l'été, avec cet avantage que la vie matérielle y est pour rien.

Notre projet était de nous rendre à Teniet-el-Had, mais ce n'était pas chose facile. Il n'y avait pour tout véhicule qu'une charrette couverte si élevée, qu'il était presque impossible d'y entrer sans avoir de très longues jambes ; et, une fois dedans, il était aussi difficile d'en sortir. De plus, cette voiture primitive partait à minuit, heure très incommode pour des touristes qui veulent voir le paysage. Enfin, comme il n'y avait pas d'autre moyen, nous nous armâmes de courage, nous nous rendîmes sur la place à tâtons, puis nous montâmes, non sans une peine inouïe, dans cette charrette, qui était censée contenir huit places, mais où quatre personnes étaient fort gênées, et dans cette prison ambulante nous passâmes quatorze mortelles heures, car nous n'arrivâmes à Teniet qu'à deux heures de l'après-midi, par la route de Milianah. Nous entrâmes bientôt à Affreville, et c'est alors que commencèrent nos tribulations.

Il nous fallut d'abord traverser le Chéliff, qui était affreusement grossi par les pluies récentes, et ce fut bien difficile. Sur l'avis du batelier, les deux messieurs de notre société prirent le bac pour alléger la voiture ; quant à nous, qui avions dû faire des tours de force pour y monter, nous ne bougeâmes pas. Le cocher mit alors ses chevaux au galop, et nous entrâmes dans le fleuve. Bien que la voiture faillit plusieurs fois être mise en pièces par les gros cailloux qu'elle rencontra, nous arrivâmes sans accident à l'autre rive, et sans craindre de casser les ressorts de notre élégant équipage.

Il n'y a que deux relais de poste entre Milianah et Teniet, bien que ce soit une véritable ascension. Les routes sont exécrables, et par conséquent le tirage horrible pour les pauvres chevaux. Le paysage est d'un aspect sévère mais grandiose. Nous ne vîmes pendant tout le trajet que quatre maisonnettes, habitées par des cantonniers qui sont préposés à l'entretien des routes; mais j'avoue qu'on ne s'en douterait guère : car les ornières étaient si profondes, que notre voiture s'y enfonçait jusque par-dessus les essieux, et je me demande encore comment nos pauvres bêtes ont pu nous retirer de ces fondrières et de cette situation presque désespérée. Sur le siège, à côté du cocher, il y avait un monsieur qui tremblait de peur; à chaque cahot, il invoquait tous les saints du paradis et promettait à la sainte Vierge d'innombrables cierges, si seulement il arrivait sain et sauf à sa destination. Nous fûmes même obligées de descendre une ou deux fois de notre cage et de patauger dans la boue, tandis que le conducteur raccommodait la machine roulante, en ne ménageant pas les malédictions à l'adresse du « génie » qui assurément n'avait pas fait preuve de génie dans la construction et l'entretien de la route.

A onze heures, nous déjeunâmes dans un petit caravansérail appelé Anseur-el-Louza, où nous nous procurâmes une omelette et des perdreaux rouges. On y jouit d'un point de vue charmant. La route était bordée de chênes-lièges, de chênes verts, d'arbousiers et d'oliviers, entremêlés de palmiers nains, de lavande, de romarin et d'autres plantes aromatiques. Une très jolie fleur blanche, pareille à la jonquille simple, avec un centre jaune et l'odeur du narcisse, croissait en abondance dans la mousse: cette plante appartient à la flore de cette région. J'avais le plus grand désir de l'acclimater dans mon pays; mais, bien que j'en aie planté des oignons, ils n'ont pas réussi.

L'Oued-Rerga, un des affluents du Chéliff, se précipite

Campement militaire.

dans un gouffre qui côtoie le chemin, et à cet endroit on se croirait dans quelque gorge alpestre. Nous arrivâmes bientôt auprès d'un groupe de tentes occupées par des soldats, qui s'efforçaient tant bien que mal de combler les ornières et de réparer la route. Teniet nous fit l'effet d'une ville complètement modernisée : elle possède une jolie église, une école communale et un couvent de sœurs;

nous n'y vîmes rien d'oriental, sauf quelques Arabes et quelques spahis qui flânaient le long de l'unique rue, et, assises sur le seuil de leurs demeures, de belles Juives qui étalaient aux regards leurs vêtements magnifiques, leurs colliers et leurs bracelets de sequins. Quelle ne fut pas notre contrariété d'apprendre en arrivant que la seule auberge de la ville était au grand complet! Que faire? Nous ne savions où aller. L'hôtesse était désolée. La saison

Maréchal-ferrant arabe.

avait été si mauvaise à cause de la guerre, disait-elle, que personne n'était venu, et que, par conséquent, elle avait loué tous ses appartements à l'année aux officiers de la garnison. Enfin, après en avoir conféré avec sa fille, elle nous céda deux petites soupentes adossées à la maison (c'était là que couchaient ces deux femmes), qui formaient un des côtés de la basse-cour et donnaient de l'autre dans la cuisine. Telles qu'elles étaient, nous les acceptâmes avec reconnaissance, puis nous allâmes rejoindre la société de la table d'hôte: elle se composait de notre compagnon de voyage si poltron, d'un scheik arabe et des officiers de la petite garnison. On me présenta le colonel, auquel je demandai des chevaux pour aller voir la fameuse forêt de cèdres; ce qu'il nous accorda avec empressement, ainsi que des guides et une escorte, précautions que l'épaisseur de la neige rendait absolument nécessaires. Sans vouloir le moins du monde déprécier la valeur de ces prévenances, il m'est bien permis de croire que notre arrivée faisait une diversion agréable à la vie monotone de ces

Trophée d'armes arabes.

messieurs, qu'ils étaient enchantés de nous trouver prêtes à tenter des excursions périlleuses, et d'apprendre aussi de notre bouche les dernières nouvelles d'Europe, que la guerre rendait d'un intérêt si palpitant.

Le dîner terminé, je me rendis à la petite église, dont l'autel en bois de cèdre est de fort bon goût, puis de là chez les sœurs de la Doctrine chrétienne. J'y trouvai une charmante petite fille arabe, qui se mit à pleurer lorsque je lui demandai si elle avait été baptisée. Elle en avait un si grand désir, qu'elle apprenait son catéchisme avec une ardeur extrême, afin de pouvoir recevoir le baptême à Pâques. « Je veux être chrétienne, je veux qu'on me « donne le nom de Marie », disait-elle en sanglotant. Tous ces enfants avaient de beaux yeux noirs, et les fraîches couleurs de leur teint faisaient l'éloge de la salubrité du climat de Teniet. Malheureusement, les pauvres sœurs

La ville.

sont terriblement à l'étroit, et par-dessus le marché leur maison est froide et humide. La supérieure a un frère dans les missions étrangères, qui se trouvait en Corée avec Mgr Berneux et d'autres prêtres qui échappèrent à la mort comme par miracle, lorsque Mgr Henri Borie et ses compagnons y reçurent la couronne du martyre. La supérieure ajouta que son frère n'aspirait qu'à retourner en Corée, et que la ferveur des chrétiens indigènes surpassait de beaucoup tout ce qu'il avait vu en Europe.

Tandis que nous parlions, le vénérable prêtre de la mis-

Le maréchal de Mac-Mahon.

sion entra, et nous exprima la profonde douleur qu'il ressentait du départ du duc et de la duchesse de Magenta (le maréchal et la maréchale de Mac-Mahon), qui étaient, disait-il, les personnes les plus excellentes et les plus charitables qui eussent jamais été placées à la tête du gouvernement de l'Algérie. Nous eûmes plus tard de nombreuses preuves à l'appui de son assertion, car le maréchal et la maréchale de Mac-Mahon ont laissé après eux un nom qui ne s'effacera jamais du cœur de ce peuple.

La ville entière était embaumée de l'odeur pénétrante du cèdre, qui sert ici de bois à brûler, lorsque le lendemain matin nous montâmes à cheval pour aller voir la célèbre forêt. Notre cavalcade était très nombreuse : nous ouvrions la marche avec les officiers, puis venaient nos femmes de chambre dans un cacolet placé sur un énorme mulet; une seconde de ces bêtes de somme portait les provisions de bouche, et enfin deux ou trois guides arabes, qui nous suivaient bien plus pour se distraire que pour nous rendre service, complétaient le cortège. On traversa d'abord des collines arides, parsemées de quelques rares tentes arabes; puis on fit un grand détour pour éviter une épouvantable fondrière produite par la fonte des neiges, et l'on s'engagea dans une forêt de chênes verts et de chênes-lièges, au milieu de laquelle le sentier serpentait dans un taillis d'arbustes odoriférants. De temps en temps une éclaircie laissait entrevoir les montagnes à l'horizon. On n'apercevait aucune habitation. De nombreux troupeaux de chèvres, de brebis et de petit bétail brun et noir paissaient sur les coteaux, sous la garde de jeunes Arabes, qui avaient l'air encore plus farouche que leurs bêtes. C'était un lieu sauvage et désert.

La route devenait de plus en plus à pic : aussi nous fûmes obligées de mettre pied à terre et de conduire nos montures à travers un bois de pins très touffu. Enfin, après avoir gravi ce chemin difficile et rocailleux pendant trois heures, nous nous trouvâmes tout à coup dans une vaste prairie couverte de neige, et nous aperçûmes devant nous le but de notre expédition, les cèdres magnifiques de

La forêt de cèdres de Teniet-el-Had.

Teniet-el-Had. Bien qu'ils ne soient pas aussi gros que ceux des montagnes du Liban (leurs troncs ne mesurent en moyenne que de dix à quinze pieds de circonférence), ils sont plus nombreux, et la neige qui brillait au soleil sur leurs rameaux légers produisait un effet charmant.

Au centre de la forêt, sur un petit plateau dégarni d'arbres, s'élève un chalet pittoresque : c'est la demeure du garde, qui tient une grande salle à la disposition des personnes qui viennent ici en parties. Malheureusement il était absent. Nous dûmes nous contenter d'allumer un feu énorme de bois de cèdre tout auprès, et d'étaler notre déjeuner sur des planches dont nous fîmes une table improvisée.

Nous fûmes bientôt rejointes par les officiers avec lesquels nous avions fait connaissance la veille. Après nous avoir accompagnées pendant quelque temps, ils avaient été obligés de quitter leurs chevaux, parce que la neige n'était pas assez durcie pour les porter, eux et leurs montures : ils les avaient donc laissés chez un cantonnier, à environ deux kilomètres du chalet. Ces messieurs nous engagèrent fort à braver les mauvais chemins pour monter sur une terrasse d'où l'on découvre une vue magnifique. Mary s'y refusa carrément ; quant à moi, je ne pus résister à la tentation, et je partis bravement, enfonçant dans la neige moitié fondue moitié gelée (j'en avais parfois jusqu'aux genoux), jusqu'à ce que nous atteignîmes enfin le sommet du col, d'où notre petit campement près du chalet ne paraissait plus que comme un point noir. Toute fatiguée et trempée jusqu'aux os que j'étais, je ne pus m'empêcher de reconnaître que le panorama superbe qui se déroulait devant moi valait bien la peine que je m'étais donnée pour y arriver.

Les deux chaînes parallèles de l'Atlas étaient visibles. Le soleil de midi dardait ses rayons sur leurs cimes couvertes de neige, au-dessus desquelles le Waransenis élevait fièrement sa tête. Au sud, s'étendait la fertile vallée du

Chéliff, que nous avions traversée la veille; et, bien qu'à vingt-six lieues de distance, la citadelle de Milianah brillait distinctement au soleil. Sur le premier plan autour et au-dessous de nous, on ne voyait que des cèdres superbes au sombre feuillage et aux troncs rougeâtres. Dans quelques endroits la neige s'était fondue, et laissait à découvert un tapis de verdure printanière, qu'émaillaient des perce-neige, des iris bleus, des jonquilles blanches, des gentianes bleu foncé et des hépatiques roses, qui défiaient par leurs brillantes couleurs le souffle glacé de l'hiver. Ces messieurs les officiers ne m'avaient point trompée. Non, je n'avais jamais rien vu d'aussi grandiose. Ce panorama me rappelait beaucoup celui du Liban par son aspect et sa végétation, et je me disais que, lorsque la saison serait plus avancée et les arbustes couverts de fleurs, ce serait un véritable paradis terrestre. Toutefois le paysage y perdrait quelque chose, car les cèdres ne paraissent jamais si beaux que par un effet de neige.

La descente de la montagne fut bien difficile : la terre gelait sous nos pieds, et nos montures glissaient comme nous sur ce terrain dangereux. Lorsque nous nous retrouvâmes au chalet, j'étais mouillée jusqu'à la ceinture. Heureusement qu'on avait allumé un bon feu de bûches de cèdre pour réchauffer nos membres engourdis. La route que nous suivîmes pour retourner à Teniet était si mauvaise, qu'elle me rappelait à chaque pas celles de la Syrie. Nos chevaux étaient d'humeur pacifique et avaient le pied sûr; et, à l'exception d'un de nos compagnons d'excursion qui roula dans un torrent, nous n'eûmes aucun accident à déplorer.

Toute la journée le temps avait été superbe et le soleil d'une chaleur délicieuse ; mais, sur le soir, le froid devint si vif, que nous fûmes trop contentes de nous serrer autour du feu de la cuisine, et de nous réconforter avec le café chaud que notre hôtesse avait eu l'aimable attention de nous préparer. Tout près de la forêt de cèdres se trouvent des sources minérales très fréquentées par les soldats français atteints des fièvres intermittentes qui sont très communes en été dans cette partie de la contrée. Le docteur Bertrand a fait une analyse très précise de ces eaux,

qui ont les mêmes propriétés que celles de Hammam-Meskhroutin, que nous visitâmes ensuite : c'est pourquoi je ne parle pas des sources de Teniet, d'autant plus qu'il n'y a encore rien d'organisé pour les baigneurs ; l'établissement est aujourd'hui simplement à l'état de projet.

Le lendemain matin, nous remontâmes à cheval pour faire une excursion à la forteresse en ruine de Taza, une des places fortes d'Abd-el-Kader, perchée sur la montagne Ech-Chaou, qui est située à environ 6,000 pieds au-dessus du niveau de la mer. La route qui y conduit serpente dans des gorges et des ravins sauvages, entre des montagnes couvertes de chênes verts. A chaque instant nous étions obligées de traverser des torrents à gué ; ce qui impatientait fort Mary, qui trouvait aussi le paysage trop monotone : aussi me proposa-t-elle de renoncer à la forteresse et de prendre par un joli vallon à gauche; ce que nous fîmes en remontant le cours du torrent, et nous atteignîmes bientôt une plaine ombragée par des pins et parsemée de nombreuses tentes arabes.

Après avoir déjeuné, nous acceptâmes l'invitation que nous fit le scheik d'entrer dans sa tente, dressée sur un

Tente de Bédouin.

monticule au-dessus du ruisseau. A notre approche, les chiens de garde aboyèrent avec fureur, et, sans l'intervention de leur maître, nous auraient certainement mises en pièces. Nous pénétrâmes donc dans l'habitation basse et sombre du Bédouin, suivies d'une troupe de femmes et d'enfants tous tatoués et presque entièrement nus. Deux petits veaux étaient couchés près de l'appui de la tente, un agneau apprivoisé était attaché un peu plus loin; des poules et des coqs voletaient autour de nous, et, tout effrayés, s'embarrassaient dans nos jambes : c'était presque une arche de Noé. Une des femmes était occupée à tisser la toile rayée de brun et de blanc qui sert à faire les tentes; elle travaillait aussi adroitement que nos tisserands et sur le même principe : elle passait la navette dans la trame étendue sur des poulies. Toutes ces femmes avaient les yeux peints avec du « kohl », ainsi que certains tatouages sur le menton, comme signes caractéristiques de leur tribu ; l'une d'elles portait un coquillage autour du cou en guise de talisman. Mais elles étaient toutes laides et maigres à faire peur : ces pauvres créatures ont l'air de mourir de faim. Autour des tentes, des troupeaux de chameaux et de brebis paissaient sous la garde des enfants. Ces Arabes nous donnèrent à entendre qu'ils étaient nomades, et qu'ils quitteraient la plaine dès qu'il n'y aurait plus d'herbages pour leurs bestiaux.

Tandis que nous parlions, deux des fils entrèrent : c'étaient de fort beaux hommes, portant le costume bédouin. Ils nous saluèrent avec une gravité empreinte de courtoisie, et nous montrèrent leurs chevaux, qui étaient attachés à l'entrée de l'habitation. A leur approche, les femmes avaient pris la fuite ; mais, la curiosité reprenant le dessus, nous les vîmes bientôt soulever furtivement un des coins de la tente, pour nous regarder encore lorsque nous remontâmes à cheval. On nous donna pour notre dîner un énorme bol de couscous : c'est une espèce de pâte que l'on pétrit de façon à ce qu'elle forme une sorte de semoule ; on la sert soit avec du lait caillé, soit avec une soupe graisseuse, mélange abominable, à mon avis, et avec lequel il me fut impossible de jamais me réconcilier.

Le lendemain matin, à cinq heures, nous remontions dans notre affreuse voiture pour retourner à Milianah, et avec l'agrément d'avoir une cinquième personne avec nous, la femme du garde-forêt; mais cette fois il faisait jour, nous avions goûté une nuit de repos, de sorte que

Un caravansérail.

nous étions mieux disposées à lutter contre la fatigue et les ennuis de ce second voyage. Nous déjeunâmes dans un caravansérail fortifié par une haute muraille percée de meurtrières, et dont l'emplacement était charmant; le thuya, le chêne vert et le pin ombrageaient les coteaux environnants, tandis qu'une profusion de cistes, de lentisques, de buissons de genièvre, de scilles et de férules aux panaches jaunes, formait un fourré varié, autour des rameaux duquel la clématite algérienne, avec ses clochettes gracieuses, s'enroulait en capricieuses guirlandes. Il était cinq heures quand nous entrâmes à Milianah : le soleil couchant inondait la plaine de ses feux, et jetait une lueur rose pâle sur les sommets neigeux des montagnes de l'Atlas, tandis que le Waransenis (le géant de la chaîne) se dessinait fièrement sur le ciel empourpré.

C'était un jour de marché : les Arabes se pressaient dans la plaine, criant à tue-tête et gesticulant comme s'ils

Kabyles marchands de poterie.

allaient se prendre à la gorge, ce qui est leur mode ordinaire de traiter les affaires. Cette fois-ci nous traversâmes le Chéliff sans accident, toujours dans notre charrette et bien que nos chevaux eussent de l'eau par-dessus le poitrail. Cette rivière est la plus considérable de toutes celles de l'Algérie ; et, de même que tous les autres cours d'eau, ses rives sont bordées de magnifiques lauriers-roses.

Un soleil radieux, pénétrant dans nos chambres, nous réveilla le lendemain de bonne heure. Nous allâmes dire un dernier adieu à la belle terrasse et à son magnifique

Diligence de Milianah à Blidah.

point de vue avant de nous enfermer dans le coupé de la diligence qui devait nous conduire à Blidah en passant par Bou-Medfa. Ce fut avec un regret sincère que nous quittâmes ce beau pays. Bientôt la voiture nous emporta rapidement, par l'avenue de platanes, hors de l'enceinte de la ville, jusqu'en rase campagne. Le chemin sinueux montait, montait toujours, et à chaque tournant il nous laissait entrevoir des montagnes et des vallées tantôt boisées, tantôt plantées de riches vignobles. Nous regardions avec plaisir ce tableau riant de l'abondance versant ses trésors à pleines mains. Sur le devant du coupé, on avait déposé un énorme sanglier tué la veille dans les montagnes de Milianah : c'était un cadeau destiné au gouverneur de Blidah. Un peu avant d'arriver à Bou-Medfa, nous passâmes à côté d'une « koubba » élevée à la mémoire d'un certain Abd-el-Kader, patron des voyageurs et peut-être aussi des mendiants, à en juger par le nombre de ces derniers, qui vous demandent l'aumône pour l'amour de ce personnage, leur saint de prédilection.

Les Mendiants.

Nous prîmes à trois heures le train pour Blidah. La voie ferrée traverse la vallée pittoresque de la Chiffa, puis s'élève doucement par la grande plaine de la Mitidjah jusqu'à une délicieuse petite ville à moitié cachée dans des bois d'orangers, que les Arabes appellent la *Rose de l'Algérie*. Nous fûmes bientôt installées à l'*hôtel d'Orient*, qui donne sur une place entourée d'arcades, et je sortis à la recherche de l'église. J'eus le bonheur d'y trouver le saint Sacrement exposé et d'y recevoir la bénédiction. C'est une ancienne mosquée, d'une beauté remarquable.

Le lendemain, de grand matin, nous fîmes une excursion dans les gorges de la Chiffa, en passant par le « Bois-Sacré », qui était déjà tenu en grande vénération du temps des Romains et l'est également aujourd'hui par les Arabes. On y remarque des oliviers aussi anciens que ceux du jardin de Gethsémani. Au milieu de ce bois se trouvent deux « koubbas », dont l'une, très célèbre, ornée de riches étoffes de soie, d'or et d'argent, était éclairée par d'innombrables cierges et toute parfumée d'encens. Un Arabe à l'air distingué amena son petit garçon au marabout, assis sur une natte à l'entrée du monument. Après

Intérieur de la mosquée.

avoir récité alternativement quelques prières, l'enfant présenta comme offrande un cierge et une pièce de monnaie, puis il baisa la main du marabout. Deux femmes se présentèrent ensuite, enveloppées des pieds à la tête dans de longs voiles blancs (on eût dit deux fantômes); une petite ouverture laissait entrevoir un œil seulement. Je compris que c'était une dame avec sa suivante. La première avait un collier et des bracelets de sequins d'une grande valeur; son haïk était retenu par des agrafes d'un travail admirable, reliées par une chaînette. La suivante sortit une pièce de mousseline fine de dessous son burnous et la plaça sur la tombe; le marabout l'aspergea trois fois avec de l'eau bénite. Je ne pus m'empêcher de trouver cet usage très touchant, de consacrer ainsi une étoffe dont on devait faire un vêtement; et la ferveur avec laquelle je voyais prier cette dame, me fit penser que Dieu l'exaucerait, bien qu'elle fût dans l'erreur. Le jardin de la chapelle était rempli de mimosas, de magnolias et d'arbustes en fleur; les haies basses étaient formées de rosiers nains du Bengale.

Avant d'arriver à la Chiffa, nous traversâmes un pont rustique, situé auprès d'une prison militaire, dont les détenus étaient occupés dans une corderie; puis, tournant brusquement à gauche, nous nous engageâmes dans une gorge étroite, richement boisée, au fond de laquelle coulait un torrent mugissant. Ce site avait quelques traits de ressemblance avec le col du Saint-Gothard. Nous arrivâmes bientôt à une grotte remplie de stalactites et d'aloès pétrifiés, qui, chose bizarre, avaient conservé leur belle couleur verte. Des touffes de capillaires croissaient dans les fentes des rochers, rafraîchies par l'eau qui tombait goutte à goutte de toutes parts. Nous nous arrêtâmes devant une cabane pour admirer un aigle magnifique qu'on venait de tuer: il était d'une envergure remarquable. Cette partie de la gorge se nomme « la Vallée-des-Singes ». Nous aperçûmes en effet plusieurs de ces quadrumanes sans queue [1], grimpant sur les rochers et se suspendant joyeusement aux branches des arbres qui retombent sur la cascade. Une vieille bonne femme, qui

---

1. Les singes sans queue ont la face aplatie; les mains, les doigts et les ongles ressemblent à ceux de l'homme, et comme lui ils se tiennent debout sur les deux pieds. — Voir *Dictionnaire d'histoire naturelle.*
(*Note du traducteur.*)

tenait un café en cet endroit, avait beaucoup à se plaindre de ces animaux malins, et nous disait en nous montrant son jardin : « Ah! ces coquins, ils me mangent tout ! »

Nous fîmes une halte pour laisser reposer nos chevaux, puis nous les remontâmes, et, arrivées au som-

La cascade.

met du col, nous vîmes la jonction de l'Oued-Merja et de la Chiffa. Une petite colonie de mineurs exploite en cet endroit des mines considérables de fer et de cuivre. C'est aussi là qu'on prend la route qui conduit à Médéah, station militaire que les Français ont construite sur les ruines d'une ville romaine, dont il reste encore un aqueduc et d'autres antiquités. Médéah est la première de ces places fortes au moyen desquelles les Français se sont assuré la possession comparativement paisible de leurs provinces algériennes. La descente du col pour revenir à Blidah était encore plus belle que l'ascension : la plaine de la Mitidjah,

La descente du col.

vue de cette gorge étroite et presque perpendiculaire, ressemblait à un tableau riant placé dans un cadre sombre et grossier. A l'horizon, la Méditerranée brillait au soleil comme une ligne argentée.

Nous n'eûmes garde de quitter Blidah sans aller visiter les célèbres bosquets d'orangers, qui sont très nombreux et d'une beauté inouïe. J'avais déjà vu ceux de l'Espagne, ceux de Cintra, de Menton, du môle de Gaëte et de la Sicile; j'avoue qu'ils ne sauraient un instant soutenir la comparaison avec ceux de Blidah. On y trouve des millions d'oranges et de citrons, de grosseurs et de saveurs variées. Nous entrâmes chez le propriétaire d'un de ces jardins, afin de nous régaler d'oranges. Ce brave homme nous apprit que son bosquet n'était planté que depuis dix ou douze ans, et qu'il suffisait de mettre un rejeton dans le sol pour qu'il poussât. Les oranges non assorties valaient quinze francs le mille, et celles du premier choix, vingt-cinq francs le mille. Il nous donna une énorme provision de mandarines pour notre voyage, sans vouloir accepter d'autre rétribution que nos remerciements. La récolte avait été si abondante, que les fruits se gâtaient sous les arbres, faute d'être ramassés.

Les allées étaient bordées d'énormes violettes de Parme, dont nous fîmes des bouquets gigantesques, qui embaumaient l'air environnant.

Combien j'aurais souhaité pouvoir transporter dans ce lieu enchanteur les enfants de quelqu'une de nos écoles de Londres, et jouir du plaisir de les voir s'ébattre à l'ombre de ces bosquets et se régaler de leurs fruits parfumés!

Nous nous rendîmes ensuite au haras arabe, qui appartient au gouvernement français. J'y remarquai deux ou trois étalons arabes pur sang et d'assez jolies juments, bien qu'elles eussent le défaut ordinaire d'avoir le paturon trop long. J'appris aussi que les chevaux avaient presque tous été sacrifiés aux besoins de la guerre. On nous montra dans les enclos de jolies gazelles qui paissaient : elles avaient été prises par des officiers dans l'intérieur du pays.

Dans le cours de la soirée, j'allai rendre visite aux sœurs de la Doctrine chrétienne. Jusqu'ici le gouvernement révolutionnaire ne les avait point molestées. Elles sont aimées de tout le monde, et dirigent un pensionnat de demoiselles ainsi que les écoles communales, où l'on compte plus de cinq cents enfants pauvres. Ces religieuses sont au nombre de dix-neuf. La mère Saint-Paul, leur supérieure, a une de ces bonnes physionomies intelligentes que l'on a du plaisir à contempler.

Nous partîmes pour Alger le lendemain matin.

Blidah est bien certainement la plus délicieuse petite ville qu'on puisse imaginer : située au pied de l'Atlas, elle offre tous les agréments d'un beau pays de montagnes et de charmantes excursions, qu'on peut faire soit à pied, soit à cheval ; ses abords sont revêtus d'une végétation luxuriante, qu'entretiennent des ruisseaux limpides ; le climat est tout ce qu'on peut désirer ; les loyers y sont pour rien, ainsi que la nourriture ; toutefois il y a un revers à la médaille : les tremblements de terre y sont très fréquents ; l'un d'eux détruisit, il y a quelques années, tous les principaux édifices de la grande place. Malgré cela, les habitants construisent toujours des maisons à plusieurs étages, avec la même insouciance que ceux de Torre del Greco, qui persistent à vivre à la base du mont Vésuve dont les ruisseaux de lave ont si souvent englouti leurs demeures.

Le tunnel de l'Atlas. — Environs de Blidah.

Il était huit heures du soir lorsque le nouveau chemin de fer nous déposa à Alger, où nous avions retenu un bel appartement à l'*hôtel d'Orient*. J'ai rarement vu quelque chose d'aussi magnifique que l'aspect produit par cette ville la nuit. A partir de la Maison-Carrée, c'est-à-dire pendant environ deux lieues, la voie ferrée longe la côte ; et quand, par un clair de lune superbe, on aperçoit Alger avec ses innombrables maisons blanches rangées en amphithéâtre et ses réverbères étagés sur la colline, qui se réfléchissent dans la mer comme autant d'étoiles sur un ciel sombre, on a devant les yeux un spectacle vraiment féerique.

Province d'Oran. — Monument de Géryville.

CHAPITRE TROISIÈME

ALGER

MEZAB

III

ALGER

Pour peu qu'on ait une idée même des plus superficielles d'Alger, on n'ignore pas que cette ville se divise en deux parties bien distinctes : la ville française, avec ses boulevards, ses grandes rues, dont les maisons ressemblent à celles de la rue de Rivoli, et la ville arabe, avec ses ruelles escarpées qui font l'effet d'une suite d'escaliers sombres et malpropres, ses magnifiques portes d'où l'on plonge dans de ravissantes cours mauresques, ses fontaines et ses mosquées pittoresques, ses bazars toujours remplis de monde, enfin tous les divers aspects de la vie orientale. Mais, il faut le reconnaître, à mesure que la ville française empiète sur la ville arabe, la beauté et l'intérêt d'Alger vont en diminuant; et ceci s'applique également à Constantine, qui bien plus qu'Alger a conservé le cachet oriental. Nous allons donc décrire fidèlement nos impressions, laissant nos lecteurs libres de conclure comme il leur plaira.

Je dois dire en commençant que nous arrivâmes dans

un moment de transition et de quasi révolution. Dans l'espace de six semaines, Alger avait vu passer une demi-douzaine de gouvernements différents, qui n'étaient d'accord que sur ces deux points : 1° la destruction de la religion catholique, et 2° la nomination d'Israélites à tous les postes d'honneur civils et militaires. Je fus moi-même témoin des effets funestes de ces innovations pendant mon séjour prolongé dans la capitale de l'Algérie. L'archevêque était absent : il était resté en France par mesure de prudence, et pour éviter ainsi des conflits directs et inévitables avec le nouveau régime.

Notre première visite fut à la cathédrale, ancienne mosquée, dont la façade est fort belle : trois portes cintrées surmontées de deux tours et un magnifique perron de vingt marches conduisent à l'entrée principale.

L'intérieur se compose d'une série d'arcades mauresques sculptées, qui reposent sur des colonnes de marbre. D'anciennes sentences du Coran en lettres d'or sur un fond rouge et noir se lisent encore sur la coupole du maître-autel. A droite, en entrant, on remarque le monument en marbre élevé à la mémoire du martyr Geronimo, qui fut mis à mort au quinzième siècle, en haine de la religion chrétienne. Le fort appelé « fort des Vingt-Quatre-Heures » était alors en voie de construction. Le saint fut enterré vif dans un tas de mortier ; plus tard on découvrit son corps, et la translation solennelle de ses reliques dans la cathédrale eut lieu le 27 décembre 1853. Les deux anges sculptés dans le marbre de chaque côté du tombeau ont l'air d'attendre le moment de la résurrection glorieuse de ce martyr, en grande vénération parmi les catholiques du pays : aussi sa chapelle est-elle rarement déserte.

Le palais de l'archevêché fait face à la cathédrale : c'est un beau spécimen d'architecture mauresque, avec sa cour couverte, ses gracieuses arcades, ses colonnes de marbre, etc., etc. Les portes en bois de cèdre sont enrichies d'arabesques capricieuses ; les soubassements des chambres et des couloirs sont incrustés de faïences peintes à l'encaustique, dont les dessins et les couleurs sont d'une rare beauté. La distribution des habitations arabes est partout la même ; elle ne diffère que par le plus ou moins d'ornementation, de sorte que cette description s'applique également à l'hôtel du gouverneur général, dont les salons de réception sont cependant plus vastes et la cour intérieure remplie de palmiers et de plantes exotiques.

C'est sur une colline appelée « Mustapha-Supérieur » que se rencontrent les plus belles maisons de campagne des habitants d'Alger. Lorsque nous allâmes rendre visite au consul d'Angleterre (le colonel Lyons Playfair), qui nous fit l'accueil le plus aimable, il nous proposa de nous conduire à une magnifique villa appelée « l'Hydre », qui venait d'être achetée par M. de Saint-Arnaud, le célèbre joueur d'échecs. La distribution en est excellente: une cour extérieure sert de vestibule ou d'antichambre; la cour intérieure ou quadrangle est entourée d'arcades en fer à cheval, que soutiennent des colonnes torses (trois dans les angles et deux sur les côtés); les mêmes détails d'architecture sont répétés au premier étage ; les chambres donnent sur des galeries, et, du haut du toit en terrasse, on jouit d'un point de vue magnifique. Les meubles de chaque pièce sont en bois peint et sculpté dans le goût mauresque; les armoires et les buffets sont garnis de poteries et de lampes d'origine arabe ou kabyle ; le parquet et les murs sont revêtus de ces superbes « azulejos » espagnols que l'on ne sait plus fabriquer de nos jours. Nous remarquâmes aussi partout des arcades surbaissées très originales, et qu'on ne voit guère qu'à Alger.

La maîtresse de cette villa était une dame âgée, qui fut on ne peut plus aimable et nous donna un énorme bouquet de roses. Elle était à bon droit fière de sa belle habitation. Elle avait aussi une basse-cour, qu'elle élevait avec un soin tout particulier.

Nous revînmes par la Kasbah, ancienne forteresse arabe, dont il ne reste aujourd'hui que les murs et les tourelles. Nous rencontrions à chaque pas des « koubbas » ombragées de palmiers, des groupes de Maures auxquels se mêlaient des négresses enveloppées de burnous à raies bleues, des Juives avec leurs coiffures noires : en un mot, une variété de costumes qui auraient réjoui la vue d'un peintre.

On arrive au musée et à la bibliothèque par une rue étroite et par une série de ces escaliers à marches peu élevées que les Italiens appellent « gradini ». Un très beau portail s'ouvre sur un vestibule qui précède une cour quadrangulaire, où l'on retrouve les mêmes détails d'architecture qu'au palais de l'archevêché, sauf qu'ici les boiseries et les peintures sont plus fines ; quant aux sculptures en pierre, elles ressemblent à une belle guipure d'art.

Le bibliothécaire, M. Mac-Hardy, est un homme agréable, très capable, et qui nous fit parfaitement les honneurs de la bibliothèque, ouverte depuis 1838. La première chose qui me frappa, fut un moule du martyr Geronimo, de grandeur naturelle, tel qu'il fut trouvé dans le fort « des Vingt-Quatre-Heures ». Son corps resté intact avait laissé son empreinte, dans laquelle on avait coulé du plâtre et obtenu ainsi une image saisissante du héros chrétien. Il a les mains liées derrière le dos, la face est tournée contre terre. Les traits du visage (qui appartient au type kabyle) n'offrent aucune expression de souffrance ; seuls les poings crispés laissent deviner sa lente agonie.

Le musée renferme beaucoup de statues antiques, de pavés en mosaïque, de sarcophages et d'inscriptions qui datent des premiers chrétiens, ainsi que de belles colonnes d'albâtre oriental rapportées de Cherchell, de Tlemcen et d'autres points de l'Algérie. Tout en admirant cette collection, qui est parfaitement classée, je ne pouvais m'empêcher de regretter qu'on ait enlevé ces trésors artistiques des lieux mêmes où l'intérêt local serait venu s'ajouter à l'intérêt historique pour rendre ces antiquités encore plus précieuses. La bibliothèque possède des éditions enluminées du Coran, d'une valeur inestimable, qui datent du quatorzième et du seizième siècle. Les enluminures sont d'un travail exquis, et surpassent nos plus beaux missels par la finesse du dessin et la richesse du coloris; bien entendu qu'il ne s'y trouve aucune figure humaine, ce qui serait contraire à la loi de Mahomet. Les Corans espagnols sont en caractères coufiques, les autres sont en caractères arabes proprement dits. La reliure de l'un d'eux me parut un véritable chef-d'œuvre du genre. Le papier sur lequel ces beaux dessins sont faits, est d'une espèce particulière, qu'on ne fabrique qu'à Constantinople : car on ne se sert jamais de vélin pour transcrire le Coran. M. Mac-Hardy nous mena sur la terrasse et dans son appartement mauresque, rempli d'alcôves, d'arcades et

pavé « d'azulejos ». Il nous montra aussi une machine très compliquée, qui sert à faire des observations astronomiques, et qui passe pour être du treizième siècle. On n'en connaît que trois autres semblables dans le monde entier : l'une se trouve au Musée britannique de Londres, une seconde à Vienne en Autriche, et la troisième à Paris. La bibliothèque d'Alger, qui est digne des trésors qu'elle renferme, est un édifice de la fin du quatorzième siècle; il est vrai que dans cette ville toutes les maisons anciennes sont belles et intéressantes.

Le jardin d'essai ou jardin botanique est rempli d'arbustes et de plantes rares. On s'y promène dans une magnifique avenue de dattiers et de palmiers-éventails, qui s'étend jusqu'à la mer; il y a aussi une avenue de bambous, dont les branches se réunissent par le haut, de façon à former une voûte de verdure presque comme ceux de Trinidad. On a planté dans ce beau jardin l'arbre à pain et le bananier, ainsi que l'oranger et le citronnier. Sur une terrasse, des paons étalaient au soleil leur brillant plumage. En face de la grille principale, s'élève le dôme du tombeau d'un saint qui est censé jouir de la faculté d'habiter deux endroits en même temps, d'où lui est venu son nom de Bou-Kobrin. Cette « koubba », placée dans un site très pittoresque, est entourée d'oliviers, de lentisques, d'aloès et de cactus superbes. On y vient en pèlerinage le vendredi, jour où les femmes mahométanes vont prier sur les tombeaux de leurs parents.

Un peu plus loin, auprès d'une belle fontaine arabe, on arrive au fameux *café des Platanes*, rendez-vous favori des Algériens les jours de fête ; et ce n'est point étonnant, car tout conspire à rendre cet endroit délicieux : l'ombre des platanes, le murmure des eaux, le spectacle amusant que présentent les groupes variés de conducteurs de chevaux, d'ânes ou de chameaux, qui ne manquent jamais de s'arrêter au café pour se rafraîchir. J'avoue que je subissais moi-même le charme de ce lieu paisible, qui contraste si agréablement avec la route poudreuse qui y conduit, où l'on est à moitié rôti par le soleil et aveuglé par la réverbération.

Je subissais le charme de ce lieu paisible.

Au sommet d'une colline escarpée qui domine le golfe d'Alger jusqu'au cap Matifou, auprès du village de Koubba, s'élève le grand séminaire, ainsi qu'un collège pour ceux des enfants arabes, recueillis pendant la famine, qui montrent des dispositions pour les lettres. Un vieillard vénérable nous fit visiter tous les bâtiments. L'église n'est pas encore achevée, mais son immense dôme blanc s'aperçoit de tous les points de l'horizon. Nous n'eûmes pas le temps de nous rendre à un orphelinat dirigé par les sœurs de la Sainte-Enfance pour les filles. Nous revînmes par la gorge de la Femme-Sauvage, en passant par le joli village du Ruisseau. Les environs d'Alger sont riches en excursions charmantes, qu'on peut faire à pied ou à cheval.

Le lendemain, nous fîmes trêve à nos promenades, afin d'assister à un mariage juif, en compagnie de Mme de C. et de sa ravissante fille. Cette dame avait eu la complaisance de nous procurer une invitation pour cette intéressante cérémonie. On nous introduisit dans une pièce à alcôves, où un déjeuner de sucreries, de gâteaux et de vins doux était servi. La fiancée était assise sur un divan entre son père et sa mère; tous les trois portaient le riche costume israélite. Au bout de quelques instants donnés à la conversation, on nous avertit de précéder la jeune fille aux « bains mauresques » : ainsi le voulait l'étiquette. Mais je désespère de pouvoir rendre la scène extraordinaire qui s'offrit à nos yeux.

Au milieu de la salle de bains, une cinquantaine de jeunes filles juives se tenaient debout dans l'eau, enveloppées d'un nuage de vapeur et d'encens, ayant pour tout vêtement une écharpe de gaze d'or ou d'argent autour des reins. Leurs beaux cheveux noirs flottaient sur leurs épaules; leurs cous et leurs bras blancs étaient couverts de colliers et de bracelets. Elles attendaient la fiancée. Dès qu'elle parut, elles la saluèrent par des cris aigus : « Li! li! li! » dans une gamme toujours ascendante. Parmi ces charmantes jeunes filles se trouvaient des négresses hideuses, également peu vêtues. Une ou deux de ces dernières avaient leur chevelure noire crépue teinte d'un jaune orange vif : c'étaient les baigneuses. Elles nous saisirent par les bras et voulaient à toute force nous déshabiller ; ce à quoi nous nous refusâmes énergiquement, et nous allâmes nous réfugier sur une banquette de marbre placée autour de la salle, et où la jolie petite fiancée attendait son tour. Sa mère et ses tantes étaient auprès d'elle. On lui enleva d'abord son lourd costume de velours ; on ne lui laissa qu'une chemise de gaz lamée d'or et des caleçons rouges brodés d'or, et on la conduisit ainsi dans une salle intérieure, où la chaleur et la vapeur étaient suffocantes. Là cette pauvre enfant de treize ans dut passer trois longues heures entre les mains des baigneuses, qui tantôt lui versaient des cruches d'eau sur la tête, tantôt lui frictionnaient le corps avec toutes sortes d'essences et de cosmétiques. Quant à nous, nous étions à moitié asphyxiées par la chaleur et les odeurs fortes : ne pouvant plus y tenir, nous allâmes respirer avec délices l'air pur du dehors.

Lorsque nous rentrâmes au bout d'une heure, ce fut pour voir une autre fiancée qui allait subir le même traitement. Quelques-unes des jeunes filles d'honneur étaient d'une beauté remarquable : l'une d'elles, bien que juive, avait les yeux bleus et les cheveux blond doré. On eût dit un ballet à l'Opéra, ou un tableau représentant des naïades. C'était vraiment une scène fantastique : ces chevelures flottantes, ces beaux bras arrondis en courbes gracieuses, ces ravissantes créatures qui se jouaient dans l'eau autour de la fiancée, cet ensemble eût certainement ravi un peintre ou un sculpteur. Quant à moi, je fus terriblement choquée de l'indécence de cette cérémonie, et je reconnais

qu'en fait de nudités il était impossible d'aller plus loin.
L'entrée principale des bains était fermée par une lourde
portière, auprès de laquelle étaient groupés des Arabes.
Mme.de C. m'expliqua que c'était l'unique chance que les
hommes eussent d'entrevoir leurs futures épouses, et que
celles-ci, en passant sous l'épais rideau, ne manquaient
jamais de laisser tomber un coin de leur voile, tout en
ayant l'air de le faire par mégarde.

Le lendemain matin, à trois heures et demie, nous
retournâmes chez la fiancée, car tout n'était pas fini. La
cour intérieure était remplie d'hommes et de musiciens.
Dans un salon mauresque, au fond d'une alcôve, se trouvait
la jeune fille en grande toilette, complètement enveloppée
d'un voile de gaze blanche ; une écharpe rouge brodée d'or
était disposée gracieusement sur sa tête et retombait par
derrière. A ses côtés étaient assis deux vieillards à longue barbe blanche; un troisième, debout devant elle,
tenait un candélabre à trois branches : c'étaient des rab-
bins, qui chantèrent des psaumes et des cantiques où il
était question d'une colombe aux beaux yeux. Pendant
ce temps, les musiciens faisaient un vacarme infernal
dans la cour. Du haut d'un balcon sculpté, des Juives assis-
taient à la cérémonie. Elles portaient de riches vêtements
de velours et de satin marron, des ceintures en brocart
d'or et des coiffures en soie noire, dont les barbes étaient
brodées d'or : c'est le costume invariable de leur race.

La fête durait depuis plusieurs heures, et la pauvre
petite mariée avait l'air de n'en pouvoir plus. De temps à
autre, afin de la réconforter, on la forçait d'avaler bon

gré, malgré, quelques cuillerées de potage. Puis on la con-

Le cortège se mit en marche.

duisit dans la cour, où les chants reprirent de plus belle à son approche. Pour varier le spectacle, un bouffon vint danser devant elle. On lui donna pour récompense une pièce de dix francs, qu'il garda dans sa bouche tandis qu'il chantait d'une voix traînante une chanson burlesque, qui devait être du plus haut comique, car tout l'auditoire se tordait de rire. On essaya de tous les moyens pour dérider la jeune épousée ; on allait même jusqu'à la tapoter et lui pincer le menton : peine inutile! elle restait impassible, car il était dans son rôle de garder un maintien grave et sérieux, pour démontrer qu'elle était d'âge à se marier.

Tout à coup le même cri perçant et étrange de « Li! li! li! » se fit entendre dans la cour extérieure, et fut immédiatement répété par tous ceux qui étaient dans la maison et au dehors. Je pensais involontairement aux paroles de l'Évangile : « Voici l'époux qui vient! » tant les anciennes traditions sont encore fidèlement observées aujourd'hui chez les Israélites. J'avoue que grande fut ma déception lorsque je vis paraître un jeune homme à l'air très ordinaire, vêtu de notre affreux habit noir et coiffé d'un fez rouge : c'était le mari! Aussitôt toutes les femmes présentes de se couvrir la figure de leurs mouchoirs de gaze, tandis que les hommes, qui avaient bu et mangé à plusieurs reprises pendant la nuit, s'apprêtaient à former le cortège nuptial. Le père de l'épouse, Juif à longue barbe blanche, qui avait un turban blanc et une ceinture rouge, conduisit sa fille à la voiture qui devait l'amener chez son époux. Nous la suivîmes à pied, et le cri des femmes : « Li! li! li! » recommença de plus belle à résonner dans les rues étroites et silencieuses ; puis, remontant dans notre voiture, nous accompagnâmes la nouvelle épouse jusqu'au faubourg Saint-Eugène (à environ un kilomètre de la ville), et nous la quittâmes comme le jour commençait à poindre, en lui souhaitant, après tant de fatigues, de goûter enfin un peu de repos dans sa nouvelle demeure.

Le lendemain fut consacré à visiter les mosquées principales d'Alger, en compagnie de Mahmoud, interprète de l'*hôtel d'Orient*, car nous n'osions pas nous aventurer toutes seules dans les sanctuaires musulmans. La plus ancienne mosquée, celle de Djama-Kébir, fut terminée l'an 400 de l'hégire (au dixième siècle de l'ère chrétienne). On y arrive par de belles arcades et une grande cour ombragée d'orangers, au milieu de laquelle on remarque une fontaine pittoresque. La mosquée elle-même est vaste et fort sombre : on dirait une véritable forêt de piliers de marbre et d'arceaux dentelés, qui forment une série de bas côtés. En nous faisant admirer la chaire, Mahmoud nous apprit qu'un célèbre marabout, l'archevêque des Mabeki (la secte la plus populaire parmi les Maures et les Arabes d'Alger), devait prêcher ce jour-là ; mais, comme nous n'avions pas la moindre envie d'entendre cet orateur, attendu que nous n'aurions pas compris un seul mot de son sermon, nous préférâmes aller visiter l'Exposition nationale des manufactures et des produits de l'Algérie, ouverte près de l'amirauté, presque à l'ombre de Djama-Kébir. Cette exposition était parfaitement organisée et faisait le plus grand honneur aux autorités : on y voyait, disposés avec goût, tous les marbres et les métaux que l'on trouve en Algérie ; tous les bois différents, sans omettre le thuya, qui est si beau avec ses nuances rougeâtres ; tous les produits industriels, depuis les haïcks transparents jusqu'aux tapis de Llarouat; des articles de sellerie, des objets en cuir, des armes, des bijoux, des animaux et des oiseaux, des fleurs et des fruits, des fossiles et des métaux, des coquillages et du corail, des papillons et de insectes : en un mot, toutes les richesses animales, végétales et minérales qui feraient de l'Algérie la colonie la plus productive du monde entier, si seulement elles étaient habilement exploitées.

Nous allâmes ensuite nous promener au joli jardin de Marengo, en passant par le fort des Vingt-Quatre-Heures, où le martyr Geronimo fut enterré tout vif dans un tas de mortier. A l'extrémité d'une belle avenue se trouvent le cimetière arabe et la mosquée d'Abd-er-Rhaman-el-Tcalbi, resté en si grande odeur de sainteté, que tous les pachas et hauts fonctionnaires mahométans ambitionnent l'honneur d'être ensevelis près de son tombeau, magnifiquement décoré. Le minaret de cette mosquée est bien le plus gracieux de tous ceux d'Alger; le portique sculpté est ombragé de beaux palmiers; les portails et le « mihrabe » ont des sculptures d'une finesse extraordinaire, et le pavé émaillé est couvert de dessins variés des plus vives couleurs. Un certain bey de Constantine, nommé Ahmed, est enterré ici ; il était aussi cruel que perfide, et, bien qu'on montre aux étrangers une chaîne du poids de plusieurs quintaux qu'il fit enlever, dit-on, de la jambe d'un malheureux captif, on nous fit voir aussi sa « bâtonnade », grosse corde avec quatre ou cinq coups de laquelle on tuerait facilement un homme, et qui est terminée par un énorme bourrelet teint de sang.

Comme c'était un vendredi, nous rencontrâmes des

Mosquée de Sidi-Abder-Rahman.

femmes vêtues de blanc qui se glissaient comme des spectres d'une tombe à une autre, pour les joncher de myrte et de jonquilles, et y déposer leurs offrandes de bouillon, de pain et de vin. A en juger par leur air de recueillement, les prières de ces pauvres musulmanes étaient sincères; l'une d'elles, en particulier, me fit mal à voir, car c'était une mère qui pleurait un fils unique enlevé à la fleur de l'âge; elle avait recouvert sa couche funèbre de fleurs odorantes.

Nous montâmes non sans fatigue jusqu'à la Kasbah (forteresse), pour y voir une ancienne mosquée d'une simplicité tout à fait primitive, qui n'a pour tout ornement que quelques belles colonnes de marbre; puis nous redescendîmes par des rues étroites et malpropres, dont les contreforts en saillie projetaient leurs ombres sur des murs d'une blancheur éblouissante, et nous arrivâmes bientôt devant le palais du dey, ce dernier dey dont le célèbre coup d'éventail lui coûta son trône et donna Alger à la France. La petite mosquée qui faisait face au palais, a été convertie en chapelle et en école catholiques. A l'entrée se trouve une grosse chaîne qui jouit, comme qui dirait, de la propriété du droit d'asile, car tout criminel qui s'y attache est désormais à l'abri des poursuites de la justice. Quittant la Kasbah, qui sert aujourd'hui de caserne, nous enfilâmes des rues pittoresques, dont les maisons avaient des voûtes sculptées et des portes garnies de clous dans le genre de celles de Tolède. Nous nous arrêtâmes chez Mme Barroil, qui est à la tête d'un ouvroir de cent vingt filles arabes. Ces enfants travaillent parfaitement : elles font de la lingerie fine pour trousseaux, layettes, etc. Nous allâmes aussi voir l'école arabe dirigée par Mme Luce, où une foule de jeunes femmes et d'enfants sont occupées à broder divers articles. Dans ces deux établissements on ne donne aucune instruction religieuse ; on cherche simplement à moraliser les personnes qui les fréquentent et à leur fournir les moyens de gagner honnêtement leur vie. Je commandai deux robes de bal chez Mme Luce, et je fus émerveillée de la promptitude et de la perfection avec lesquelles elles furent confectionnées. Ces jeunes ouvrières brodent également des mouchoirs et des écharpes, et leur travail a ceci de remarquable : c'est qu'il n'a pas d'envers, de sorte qu'on peut porter les articles brodés, qui sont d'une finesse exquise, aussi bien d'un côté que de l'autre.

Avec quel bonheur n'allâmes-nous pas ensuite fouiller dans de vieux magasins et dans les bazars, achetant ici des ustensiles kabyles, là des écharpes de gaze lamées d'or, plus loin des images du pied de Mahomet, etc., etc.! Pour couronner le tout, nous entrâmes dans un café maure pour nous reposer sur des divans recouverts de nattes et boire du café à la turque.... L'illusion était si complète, que nous nous imaginions être encore en Syrie.

En redescendant, nous visitâmes une autre mosquée, qui présente les mêmes détails d'architecture que les précédentes. Celle-ci était aussi pleine que possible d'hommes et de femmes en prière. Nous donnâmes un coup d'œil à la synagogue, qui venait d'être restaurée : on y remarque une belle grille en bois sculpté, servant à séparer la partie réservée aux femmes de celle des hommes, selon l'usage israélite.

J'ai déjà dit un mot des excursions charmantes et variées qu'on peut faire dans les environs d'Alger. Grâce à l'amabilité de lady L.-T. (dont la jolie villa mauresque est une des curiosités de Mustapha-Supérieur), nous n'en manquâmes aucune digne d'intérêt, et nous les fîmes dans la société la plus agréable possible. Le premier jour, lady L.-T. nous conduisit à Bou-Zarea, par une jolie route, et de là au tombeau pittoresque de Sidi-Nouman, ombragé par des palmiers éventails, dont les branches non taillées forment un rideau épais de sombre verdure, qui se détache bien sur le fond blanc de la coupole. De cette « koubba », distante à peu près d'un kilomètre du village, on jouit d'un point de vue magnifique. En revenant, nous descendîmes dans un ravin pour y cueillir des fougères très rares, tout près d'une villa abandonnée, dont le jardin était encore rempli de roses et de jasmin. En passant par la gorge des Trois-Vallons (du côté du faubourg Saint-Eugène), on nous fit remarquer la célèbre « koubba » de Sidi-Medjber, auprès de laquelle coule une source merveilleuse, très fréquentée par les femmes musulmanes, et qui prend naissance au fond d'un bois presque impénétrable d'orangers, de citronniers, de grenadiers, d'amandiers et de figuiers. Le ruisseau longeant le chemin sinueux se change chaque hiver en un torrent impétueux et inonde ses rives, qui n'offrent aucune résistance, vu la nature du sol très friable : aussi l'effondrement des routes qui a lieu constamment, fait-il le désespoir des ingénieurs, ainsi que celui des habitants de ces vallons pittoresques : car ils ne sont jamais certains que leurs maisons ne changeront pas de place du jour au lendemain ; et, quand on va en voiture à la ville, on n'est pas sûr de retrouver une route à son retour.

Fontaine près d'Alger.

Sur le flanc d'une colline se voient de nombreuses tombes israélites éparses çà et là; elles sont assez élevées et ont la forme de losanges : ce qui leur donne un aspect original.

Nous rentrâmes à Alger par la vallée de la Carrière, ainsi nommée parce qu'on en a extrait toute la pierre qui a servi aux nouvelles constructions d'Alger. La route est jolie et bien boisée ; un torrent impétueux traverse le vallon, et de charmantes villas mauresques se cachent coquettement derrière des massifs d'aloès et de palmiers.

Nous étions naturellement désireuses, pendant notre séjour en Algérie, de connaître autant que possible les mœurs et les usages propres à ses différentes nationalités :

Chemin de la grotte de la Sorcière.

rien d'ailleurs ne contribue aussi puissamment à donner un intérêt piquant au pays que l'on visite. Nous prîmes donc, un mercredi, de grand matin, la route de Saint-Eugène pour nous rendre à une grotte située au bord de la mer, et où se pratique depuis un temps immémorial ce qu'on appelle « le sacrifice des négresses ». Des femmes et des enfants y accouraient en foule à pied et à dos de mulet; des domestiques suivaient, portant sous leurs bras une quantité de poules blanches et noires. A l'endroit indiqué par notre cocher, nous descendîmes de voiture pour gravir un escalier très raide taillé dans le roc, qui conduisait à la plage par un sentier tournant brusquement à droite, derrière une falaise en saillie, et laissait apercevoir une caverne demi-circulaire, auprès de laquelle jaillit la source de Seba-Aïoun ou des « Sept-Fontaines ».

Au milieu de cet antre était assise une vieille négresse, laide comme le diable, enveloppée d'un manteau rouge et coiffée d'un turban blanc; elle avait tracé un cercle sur le sable, droit devant elle, au centre duquel se voyait un fourneau primitif, sur lequel mijotaient de petits pots de terre remplis d'encens et de benjoin. Bientôt une dame arabe se présenta en pleurant amèrement, et disant que son mari ne l'aimait plus et qu'il s'était épris d'une autre femme; elle prit des mains de sa suivante deux poules blanches et deux noires, les donna à la sorcière, qui l'encensa ainsi que les volatiles, puis les saisit par les pattes, les brandit trois fois autour du corps et de la tête de la dame, et se mit alors à leur couper le cou lentement et partiellement. Avec le sang, qu'elle recueillit dans un bassin de métal, elle oignit les pieds, les mains, le front et les yeux de sa cliente, tout en récitant des prières ou plutôt des incantations magiques, pendant que l'épouse délaissée joignait ses mains et les levait en signe de soumission. Quant aux pauvres poules, elles n'étaient qu'à moitié mortes, et c'était à la façon dont elles agonisaient qu'on voyait si le sortilège avait réussi : agitaient-elles leurs ailes tremblotantes du côté de la mer, c'était bon signe, et les négresses poussaient leur cri perçant de « Li! li! » d'un air triomphant; si, au contraire, les malheureux oiseaux se débattaient du côté du rocher, le charme était rompu et l'affaire était à recommencer. La dame arabe dut ensuite boire de l'eau de la source des Sept-Fontaines et s'y laver par trois fois; puis elle fut encore encensée par la sorcière avant de se retirer. Les mêmes cérémonies se répétèrent pour chaque personne qui venait consulter la sorcière et son chaudron magique. Le sable était couvert de sang et d'oiseaux mourants, spectacle qui nous soulevait le cœur. D'autres négresses, vêtues de haïks à carreaux bleus, à l'aspect le plus repoussant, servaient d'acolytes aux « guezzanates » ou sorcières principales, et en étaient dignes à tous les points de vue.

Ces sacrifices, qui datent du temps des Romains, ne sont autre chose qu'un reste des superstitions païennes. Ce qui m'affecta douloureusement, ce fut de voir non seulement des Juives, mais des chrétiennes recourir à ces rites et à ces maléfices horribles pour obtenir des guérisons. Je demandai à une femme que j'avais vue le matin même à la cathédrale comment sa conscience lui permettait de faire usage de pareils moyens. Elle me répondit, à ma grande surprise : « Je crois aux guérisons effectuées par ces négresses; et, si elles tiennent leur puissance d'une mauvaise source, dans tous les cas, il en résulte du bien. Dieu est au ciel, et nous sur la terre. Il peut bénir tous les moyens que nous employons. »

Cette femme avait amené son petit garçon, qui avait la fièvre. Pour le guérir, les sorcières le barbouillèrent de sang, ce qui le fit pleurer amèrement. Je me détournai avec dégoût de cette scène païenne et barbare, en me demandant avec un profond étonnement comment une mère chrétienne pouvait ainsi risquer le sort de son enfant.

Chef arabe.

Ce jour-là se trouvait être le premier de la grande fête arabe du Baïram [1], à l'occasion de laquelle chaque famille un peu aisée tue un agneau ou une brebis. Dans la soirée il y eut un soulèvement des Arabes contre les Juifs, qui faillit avoir des suites déplorables. Voici ce qui y donna lieu. Le gouvernement français avait commis l'imprudence de nommer un Juif juge d'un tribunal arabe et d'enrôler des Israélites dans un régiment de francs tireurs : or les Arabes ont les Juifs en exécration et les méprisent souverainement ; et le fait d'être jugés par eux et de leur voir

---

1. Fête solennelle des musulmans, qui suit le jeûne ou carême du Ramadan et qui dure trois jours. (*Note du traducteur.*)

des armes entre les mains (chose qu'on a toujours refusée aux Arabes), c'était non seulement mettre le comble à l'injure aux yeux de tous les musulmans, c'était aussi une maladresse doublée d'une imprudence de la part des autorités. Les mauvais traitements subis par le jeune Arabe condamné par le juge israélite attisèrent le feu : vers cinq heures, les Arabes se réunirent vers la Grande-place, armés de longs bâtons, et se mirent à détruire

Aiguiseur d'armes en temps de troubles.

toutes les boutiques juives qu'ils rencontrèrent sur leur passage. Le premier président, M. Piexey, magistrat très aimé et apprécié des Arabes à cause de sa bonté et de son impartialité, s'efforça d'apaiser le tumulte. Malheureusement, il fut atteint par une pierre lancée au hasard, et la force armée dut intervenir. On opéra plusieurs arrestations ; mais les Arabes parvinrent à leur but : car le gouvernement effrayé licencia le régiment israélite, le juge impopulaire fut changé, et la tranquillité fut enfin rétablie.

Quelques jours après cet événement, nous assistâmes à une représentation religieuse donnée par une secte mu-

Nous franchîmes la porte basse d'une maison mauresque.

sulmane en l'honneur d'un pieux marabout qui, s'étant égaré dans le désert, obtint de Dieu la puissance de changer les scorpions, les serpents et les feuilles de cactus en une saine nourriture, et par ce moyen conserva non seulement sa vie, mais aussi celle de ses disciples. On voulut bien nous avertir que certaines parties du spectacle nous feraient dresser les cheveux sur la tête ; mais nous étions parfaitement décidées à tout voir, et nous partîmes avec des amis à neuf heures du soir pour la fête de l'Aïssaoua, qui avait lieu près de la Kasbah. A mesure que nous approchions par des rues sombres et étroites, nous distinguions le son des tam-tams[1], des tambourins et des autres instruments de musique. Nous franchîmes une porte basse, et nous nous trouvâmes dans la cour d'une maison mauresque. Les musiciens étaient rangés d'un côté, tandis que les marabouts étaient gravement assis en demi-cercle de l'autre. On était dans l'obscurité : un feu allumé au milieu de la cour jetait seul quelques lueurs vacillantes. Sur le balcon d'en haut se pressaient toutes les femmes de l'habitation, complètement voilées des pieds à la tête, il est vrai, mais non moins excitées que les hommes. On servit d'abord du café. On nous plaça dans un coin de la cour ; puis les musiciens commencèrent à jouer du tambourin de plus en plus vite, tandis que deux hommes s'avançaient en dansant tout comme les derviches tourneurs que nous avions vus au Caire ; ils se retirèrent au bout de quelques instants, revinrent toujours plus excités, jusqu'à

---

1. Cet instrument, d'origine chinoise, rend un son effrayant. On l'entendit à Paris pour la première fois aux funérailles de Mirabeau. *Dict. de Littré.*
(*Note du traducteur.*)

ce qu'ils se mirent à sauter en l'air comme des forcenés, à rugir comme des chameaux, à avaler d'énormes bouchées de serpents, de scorpions et de feuilles épineuses de cactus, enfin à se comporter comme des brutes ou des possédés du démon. Ces deux hommes furent remplacés par deux individus qui firent chauffer des barres de fer sur un brasier ; quand elles furent rougies au feu, ils les plièrent avec leurs mains, et s'en brûlèrent la plante des pieds et d'autres parties du corps. L'odeur de la chair grillée ajoutait encore à l'horreur de ce spectacle barbare.

Pendant un entr'acte, je me glissai doucement sur la galerie, et j'y trouvai les femmes transportées de joie : elles poussaient des cris perçants à l'unisson de ceux des hommes ; elles se balançaient et se tordaient de plaisir en battant des mains : en un mot, elles étaient dans un état voisin de la démence. Après chaque exercice, les acteurs allaient baiser respectueusement la main du vieux marabout à barbe blanche qui était assis au milieu du cercle et qui avait l'air de présider la séance ; il en était de même au commencement de chaque scène, et le chef leur donnait solennellement sa bénédiction. Pour couronner le tout, des hommes à moitié nus se tinrent debout et à genoux sur le tranchant d'une épée, et s'enfoncèrent des brochettes en métal dans les joues, dans la langue et jusque dans les yeux, pendant que d'autres personnages se livraient à une danse de plus en plus échevelée. Les cris et les gesticulations des acteurs, le bruit étourdissant des tam-tams et des tambourins, la demi-obscurité et la fumée, les odeurs fétides et cette foule en délire, cet ensemble extraordinaire, en un mot, me donna une idée des régions nfernales beaucoup plus saisissante que toutes les descriptions que j'en avais lues dans *l'Enfer* du Dante. Cette scène fantastique me parut encore plus horrible lorsque

Des hommes se tenaient debout sur le tranchant d'une épée.

j'appris que « Aïssa » est le nom donné par les Arabes à notre divin Sauveur, et que ces sacrifices odieux sont censés lui être agréables. Aussi j'eus de véritables remords d'avoir pour ainsi dire sanctionné ces abominations par ma présence, car j'avais payé ma place. Ce fut bien pis encore lorsqu'on m'affirma que la plupart de ces fanatiques seraient à l'hôpital le lendemain, et que nous n'avions assisté qu'à la partie la moins repoussante du spectacle. Ce nous fut un véritable soulagement de respirer l'air pur du dehors, et nous rentrâmes chez nous par un magnifique clair de lune. Le silence et la paix de la ville endormie nous parurent d'une douceur inexprimable après les émotions violentes par lesquelles nous venions de passer [1].

Un des attraits principaux d'Alger consiste dans la variété des costumes qu'on y rencontre, surtout dans les vieux quartiers. Nous eûmes d'abord de la peine à reconnaître la nationalité de ceux qui les portaient, mais peu à peu nous apprîmes à les distinguer au premier coup d'œil. Celui qui a le plus de cachet est bien le costume arabe proprement dit, tel qu'il est porté par ces hommes à la taille droite et élancée, aux traits réguliers, aux yeux noirs et à la fière démarche. Ils ont cette particularité de toujours se couvrir la tête du capuchon de leur burnous, autour duquel ils enroulent six ou sept fois une grosse corde de poil de chameau. Leurs femmes s'enveloppent de la tête aux pieds dans des haïks et des burnous blancs. On distingue celles d'un rang élevé simplement à la finesse de l'étoffe qu'elles portent. Ces malheureuses créatures, dont on ne peut apercevoir qu'un œil, sont traitées comme des bêtes de somme dans les tribus nomades et les classes inférieures, tandis que dans les classes supérieures de la so-

1. Les Aïssaouas vinrent à Paris et y donnèrent des représentations pendant la grande Exposition de 1867. (*Note du traducteur.*)

ciété ce sont des esclaves bien nourries qui n'ont qu'un but dans la vie, celui de servir aux plaisirs et aux caprices de leur seigneur.

Les Français ont fait plusieurs tentatives pour émanciper ces pauvres femmes, mais jusqu'ici tout a été inutile. M. Cherbonneau, savant archéologue et chef d'institution, dont nous eûmes l'occasion d'apprécier les travaux à Constantine, raconte à ce sujet l'anecdote suivante, qu'il tenait de Si-Chadli, célèbre légiste musulman :

Un des chefs de la tribu des Haractas (entre Aïn-Béïda et Tebessa) alla pour affaires à Constantine. Dès qu'il fut

Chef de la tribu des Haractas exerçant son autorité.

de retour, il ordonna à sa femme de lui apporter des cordes et quatre pieux. Elle obéit, lorsqu'à sa surprise mêlée de terreur, le chef la lia aux poteaux, prit un bâton et se mit à la rouer de coups; ses cris attirèrent les habitants des tentes voisines, et chacun se mit en devoir d'arrêter le bras du mari en furie. « Mais qu'a-t-elle donc fait? » s'écriait-on de toutes parts : « c'est la perle de la tribu ! la meilleure des mères ! le modèle des épouses ! » — « Ce qu'elle a fait? » répondit le monstre. « Rien du tout; seulement je me soulage ! » Enfin, épuisé de colère et de fatigue, il daigna cesser de battre la pauvre créature, et il raconta qu'à Constantine il avait vu une femme arabe, soutenue par les autorités françaises, assigner son mari devant les tribunaux et porter plainte des mauvais traitements qu'il lui infligeait, et que le cadi (juge) avait osé rendre un jugement en sa faveur. Une infraction aussi monstrueuse aux usages arabes l'avait tellement transporté de rage, qu'oubliant le but de son voyage, il était rentré chez lui en diligence, afin de se venger sur le corps de sa malheureuse épouse de l'outrage fait au sexe fort, et par conséquent à sa propre personne.

Les Maures, qui ne ressemblent nullement aux Othellos que rêvaient nos jeunes imaginations, sont simplement les Arabes des villes, qui se sont alliés avec d'autres races. Ils ont les traits réguliers, le visage ovale, le teint plus clair, et un costume différent de celui des Arabes : ils se coiffent d'une calotte rouge et d'un turban de mousseline blanche ; ils portent une veste de drap de couleur, deux gilets richement brodés et des pantalons bouffants; ils ont les jambes nues, et se chaussent de larges babouches. Les femmes s'enveloppent du haïk pour sortir; mais dans leur intérieur elles mettent une chemise de gaze à manches courtes; un pantalon très large recouvre leurs jambes nues; elles portent aussi des babouches jaunes; leurs beaux cheveux noirs sont relevés en nœud derrière la tête, et une petite « shashea » ou calotte de velours brodé est posée coquettement d'un côté; elles ont de magnifiques bijoux, des perles fines, des émeraudes, des saphirs, affreusement montés, il est vrai, quelquefois percés par le milieu et enfilés sur du fil d'emballage ; mais ce sont toujours des pierreries véritables. Les Arabes ne voudraient à aucun prix porter du faux : pour cette raison, ils préfèrent même avoir des pierres précieuses dépareillées, parce qu'ils se méfient toujours de la régularité de nos bijoux européens. Quant à la position des femmes mauresques, elle ne vaut guère mieux que celle de leurs sœurs arabes : on ne leur donne aucune éducation, et celles qui sont d'un rang élevé ne sortent jamais de leurs maisons....

Nous allâmes rendre visite à l'une d'elles, la princesse X..., dont la fille de cinq ans était fiancée à son cousin, qui en avait six, et qui était (par parenthèse) le petit Maure le plus maussade qu'il fût possible de voir. La princesse me raconta que son mari lui permettait autrefois de se promener sur la terrassse de son palais, mais que dernièrement il l'avait fait couvrir ; elle n'avait jamais revu ses plus proches parents depuis son enfance, et ne mettait jamais le pied hors de ses quatre murs. Dans les familles pauvres, la naissance d'une fille est considérée comme un grand malheur (aussi bien par les Arabes que par les Maures); mais lorsqu'il naît un fils, la mère reçoit une belle agrafe pour attacher son haïk, tandis que des coups et des malédictions sont sa récompense si elle donne le jour à une fille.

Galerie d'une maison mauresque.

Les sœurs de charité et Mme Luce s'efforcent d'améliorer le triste sort de ces pauvres enfants en leur apprenant à coudre et à broder, afin qu'elles puissent se placer dans les familles riches. La princesse X... avait pris à son service une de ces filles, d'une beauté remarquable : ses yeux ravissants étaient fendus en amande, son sourire était enchanteur. Mais malheur à elle le jour où son maître s'apercevra qu'elle est belle !

Les Juifs d'Alger — et ils sont nombreux — se reconnaissent aux traits caractéristiques de leur race : yeux noirs, nez aquilin, teint blême. Ils fourmillent dans les boutiques et les bazars. Sous la loi de Mahomet, ils ont toujours subi des outrages et des persécutions ; mais, grâce à la patience et à la ténacité qui les distinguent, ils ont survécu à tout, et se sont rendus utiles et même indispensables à leurs persécuteurs par leur connaissance approfondie des affaires commerciales, qui sont aujourd'hui leur monopole presque exclusif.

Je ne dois pas oublier la race importante des Berbères ou Kabyles. A Alger, on les reconnaît tout de suite à leurs haïks et à leurs burnous de laine rayés de blanc et de noir, à leurs tabliers de cuir, à leurs têtes nues et le plus souvent rasées. Ils sont plus laborieux et plus adroits que les Arabes, car ils apprennent tous les métiers, mais ils sont moins beaux et n'ont pas l'air pittoresque de ces derniers. Leurs femmes se promènent la figure découverte ; cependant nous n'en rencontrâmes qu'un bien petit nombre dans les rues d'Alger.

Les nègres ont considérablement diminué à mesure que les caravanes qui arrivent de l'intérieur sont devenues moins nombreuses ; cependant on en trouve encore en assez grand nombre aux bains turcs et comme domestiques dans les maisons particulières ; on les emploie aussi comme ouvriers badigeonneurs et dans d'autres métiers. Les négresses vendent invariablement du pain : on les

Sœur de charité enseignant à broder aux petites filles arabes.

rencontre autour de la ville, accroupies auprès de leurs corbeilles de pains ronds et plats, enveloppées de la tête aux pieds dans leurs burnous à carreaux bleus et rouges, laissant entrevoir leurs grosses figures réjouies et leurs lèvres épaisses, criant, gesticulant et vendant leurs marchandises tout à la fois. J'ai déjà fait allusion à leur présence aux bains et aux sacrifices de la caverne. Elles me faisaient toujours l'effet d'être des sorcières telles que les avait vues ma jeune imagination ; je dois cependant leur rendre cette justice d'ajouter qu'en qualité de servantes elles passent pour être fidèles et dévouées.

Que dirai-je maintenant de cette population mixte qui se coudoie dans les rues étroites ou flâne dans les bazars, toujours si amusants? Voici d'abord les Biskris, qui, de même que les portefaix de Constantinople, trébuchent sous des fardeaux qu'un mortel ordinaire ne pourrait pas même soulever ; les porteurs d'eau ou Zibanis, dont les gracieux vases en bronze se tiennent en équilibre sur leurs épaules; les Mzabi, conducteurs d'ânes, qu'on rencontre assis derrière leurs étalages d'oranges, de pastèques et d'éventails de feuilles de palmier, ou bien encore auprès de leurs rôtisseries, dans lesquelles des « infiniment petits » morceaux de viande cuisent du matin au soir sur des brochettes, pour le régal des passants; les Lar'ouatis, ou marchands d'huile, dont les traces se voient ordinairement sur leurs habits; les Mzitis, avec d'énormes sacs de blé, auprès desquels se reposent leurs chameaux fatigués, qui grognent de temps à autre, et montrent les dents si on a le malheur de les frôler un tant soit peu en passant : toutes ces tribus nombreuses et variées sont classées dans les *Guides de l'étranger* sous le nom générique de Berranis. Rien n'est plus amusant à Alger que de voir cette foule bigarrée formant des groupes pittoresques et animés à toutes les heures de la journée, tantôt vendant et achetant à la fraîcheur du matin, avec une activité extraordinaire; tantôt se reposant à l'ombre des fontaines, lorsque le soleil ardent de midi a chassé les Européens dans leurs demeures.

Servante négresse allant à la fontaine.

Quant à la société d'Alger, il nous fut impossible d'en juger : car, en premier lieu, nous étions venues pour notre santé, et nous cherchions naturellement la tranquillité ; et en second lieu, c'était une époque de guerre et de crise révolutionnaire. Mais on m'assura qu'en temps ordinaire, rien n'était plus agréable que la société militaire de l'endroit, et je n'eus pas de peine à le croire. Le maréchal de Mac-Mahon, gouverneur de l'Algérie, et la maréchale, dont le départ avait laissé de si vifs regrets, s'étaient montrés d'une extrême bienveillance pour tous les étrangers qui, comme nous, étaient venus se réchauffer aux rayons de ce beau soleil d'Algérie et passer « un hiver avec les hirondelles ».

Heureusement il restait encore quelques fonctionnaires de l'ancien régime, avec lesquels nous nous empressâmes de lier connaissance : le vaillant amiral Fabre la Maurelle et ses deux charmantes filles, qui habitaient l'hôtel de l'Amirauté, sur le port (cet édifice a des croisées à treillis vert, comme celles d'un harem, et renferme une ancienne chapelle, qui servait de prison aux chrétiens captifs et aux confesseurs de la foi au temps de la puissance mahométane) ; le premier président, M. Piexey, qui réunit une science universelle à une connaissance parfaite de toutes les célébrités du jour ; il demeure avec son épouse excellente et dévouée dans la plus belle maison mauresque d'Alger, que leur goût parfait a su encore embellir de mille manières ; et Mme Yussuf. veuve du fameux général de ce nom, retirée à Mustapha-Supérieur, dans la charmante villa dont son mari était si fier, et qu'il avait fait meubler en bois de thuya provenant de la forêt de Teniet-el-Had. Aujourd'hui que son foyer est désert, Mme Yussuf s'adonne uniquement aux bonnes œuvres : c'est là seulement qu'elle

Alger. — Extérieur de la grande Mosquée. — Place du Gouvernement.

trouve quelque consolation à sa profonde douleur, ainsi que dans une ravissante chapelle qu'elle a fait construire dans son jardin à la mémoire de son époux bien-aimé.

Nous allâmes aussi voir la maison de campagne du gouverneur à Mustapha-Supérieur, pour rendre une politesse à son nouvel occupant (le successeur du maréchal de Mac-Mahon), qui avait été notre compagnon de voyage depuis Oran. Sa femme nous montra l'habitation dans tous ses détails : c'est l'ancien palais des deys d'Alger, une merveille d'architecture mauresque ; les jardins suspendus sont ouverts au public certains jours de la semaine ; les murs sont tapissés du feuillage lilas du « Bougainvillier[1] ». Les palmiers y sont d'une beauté extraordinaire. Nous nous promenâmes dans une avenue de camélias en fleur : c'est vraiment un lieu enchanteur.

Un peu plus bas se trouve l'habitation où vécut la pauvre Mlle Tinié tout à fait à l'orientale, entourée de domestiques arabes, avant qu'elle partît pour cette malheureuse

expédition sur la frontière de Tripoli, qui se termina par son assassinat. Elle se fiait trop facilement à tous ceux qui l'entouraient : bien que le consul anglais l'eût avertie du

---

1. Plante de la famille des belles-de-nuit, ainsi nommée par le botaniste Commerson en l'honneur du navigateur de Bougainville, qu'il avait accompagné dans son voyage autour du monde. (*Note du traducteur.*)

danger qu'elle courait en portant ses trésors avec elle au milieu de ces tribus à demi-sauvages, elle fut sourde à ces sages avis, et paya son imprudence de sa vie.

Le vice-consul anglais, M. Elmore, possède de l'autre côté de la route une charmante habitation, qu'il a meublée avec tout le confortable qu'on trouve dans notre pays et qui convient à nos habitudes. Cette maison, qui est à louer, serait une trouvaille précieuse pour des malades qui voudraient passer l'hiver en Algérie : car, quelque délicieuses que soient les maisons à l'orientale par une chaude journée de printemps ou d'été, on ne doit point oublier qu'en hiver elles sont extrêmement froides, qu'il n'y a pas moyen de les chauffer, et que sous ce beau ciel il y a cependant des jours et des semaines de pluie et de froid, et alors le feu n'est pas seulement du luxe, il devient une nécessité absolue. Je n'ai vu que deux habitations parfaitement organisées à cet effet : la villa de lady L.-T. et celle de M. Elmore. Ce dernier a transformé la cour supérieure en salon, en y ajoutant un plafond; il a aussi fait construire une salle à manger ornée d'arcades mauresques d'un goût parfait, et, sans que cela jure le moins du monde avec le style de la pièce, il y a introduit d'excellentes cheminées à l'anglaise. Nos lecteurs trouvent sans doute que je me place ici à un point de vue bien prosaïque; mais, pour me justifier, je leur dirai que j'écris cette page dans l'intérêt des nombreux malades qui sont venus me consulter depuis mon retour en Angleterre, et me demander s'il y a moyen de se loger convenablement à Alger pour y passer l'hiver.

Voici le conseil que je leur donne : « Gardez-vous bien, au péril de votre vie, de vous installer dans une coquette villa, à moins qu'il n'y ait quelque appareil de chauffage. Le parti le plus sage serait de louer un appartement à l'*hôtel d'Orient*, où l'on trouve tout le luxe possible, une excellente table d'hôte, des prix raisonnables, et d'y rester jusqu'à ce qu'on ait choisi une demeure convenable sous tous les rapports. »

Un Minaret.

CHAPITRE QUATRIÈME

LES INSTITUTIONS CHARITABLES D'ALGER

Monseigneur Lavigerie.

IV

LES INSTITUTIONS CHARITABLES D'ALGER

Je n'ai pas encore dit un mot de ce qui m'intéressa le plus vivement pendant mon séjour à Alger : je veux parler des institutions religieuses et charitables. Ceux pour lesquels ce sujet n'a point d'attrait, feront bien de sauter ce chapitre, qui contient des détails sur les œuvres admirables fondées pour l'amour de Dieu dans ce pays, jadis la forteresse de l'erreur musulmane.

On n'a point oublié, je pense, la terrible famine qui décima la population de l'Algérie et dans laquelle périrent des milliers d'Arabes. On l'attribue ordinairement à trois années consécutives de sécheresse, ainsi qu'à l'imprévoyance des Arabes, qui, tentés par le prix élevé du blé, avaient vendu leurs provisions aux acheteurs français ; mais, quelles qu'aient été les causes de cet épouvantable fléau, les suites n'en sont que trop connues. Le clergé français, les religieuses, ayant à leur tête l'archevêque, Mgr Lavigerie, se multiplièrent pour faire face à la détresse publique : ils dressèrent partout des tentes pour la distribution des vivres et des vêtements, et, au prix d'un labeur et d'une abnégation incroyables, ils réussirent à arracher à la mort un grand nombre de victimes.

Des milliers de personnes périrent néanmoins, malgré

L'archevêque recueillant les orphelins pendant la famine.

leurs efforts héroïques ; et leurs pauvres petits enfants, nus et sans abri, qui se mouraient littéralement de faim et ressemblaient plutôt à des singes affamés qu'à des créatures humaines, furent recueillis par la charité des chrétiens. Quand la charité catholique a-t-elle jamais fait défaut? Nous nous souvenons encore des efforts surhumains faits par Mgr Lavigerie et d'autres personnes, non seulement en Algérie, mais dans toute l'Europe, afin de se créer les ressources nécessaires pour subvenir aux besoins urgents de ces nombreux orphelins qui leur étaient tombés sur les bras à l'improviste. Monseigneur est non seulement un prélat zélé et le vrai pasteur de son troupeau, il est aussi excellent administrateur : il regarda donc son diocèse, et comprit combien il serait avantageux de faire cultiver même la moindre partie de cet immense terrain inculte qui s'étend jusqu'aux portes d'Alger ; il résolut d'acheter de ces terres et d'y fonder des orphelinats, de sorte qu'à mesure que les enfants grandiraient et se fortifieraient, ils pourraient se livrer aux travaux de l'agriculture, et subvenir ainsi graduellement aux frais d'entretien des maisons où ils seraient placés. L'excellent prélat ne perdit pas de temps à exécuter le projet qu'il avait formé : aussi Dieu a béni son œuvre d'une manière si extraordinaire, qu'on a de la peine à croire qu'elle ne date que de si peu d'années.

Le premier orphelinat que je visitai, fut celui de Saint-Charles, situé dans les montagnes au delà de Birmandraïs, à deux lieues environ de la ville. Mlle de Saint-Paulet, fille du marquis de ce nom, avait quêté en Angleterre pour cette maison, qui abrite trois ou quatre cents petites filles arabes, principalement employées aux travaux agricoles, sous la direction des sœurs de Saint-Charles. On leur fait la classe deux ou trois heures par jour, pour leur apprendre la lecture, l'écriture, la couture. Naturellement l'instruction religieuse marche en

Dans la montagne.

première ligne; mais la plus grande partie de leur temps est consacrée à cultiver les vignobles et les jardins, aux soins de la laiterie et aux travaux de la ferme. Elles sont formées à ces occupations par un nouvel ordre religieux d'hommes et de femmes, institué par Mgr Lavigerie et nommé les frères et les sœurs de Geronimo, en l'honneur du martyr d'Alger. Les religieux des deux sexes portent le costume arabe, et se consacrent entièrement à l'éducation des enfants; ils leur enseignent non seulement tout ce qui tient à l'agriculture, mais aussi les arts industriels.

Mlle Anna Fabre la Maurelle (fille de l'amiral), une vraie sainte, se dévoue sans relâche à cet orphelinat, qui est extrêmement pauvre et dont elle s'est constituée le principal soutien. Comme je manifestais mon étonnement de voir des filles travailler à la terre, on m'expliqua qu'on n'envoyait précisément à Saint-Charles que celles dont la mauvaise santé et le sang vicié rendaient absolument nécessaire la vie au grand air; et il me fut facile de voir, à la mine florissante de ces enfants, que ce régime leur réussit à merveille.

A notre retour, nous visitâmes ce que j'appellerai la maison sœur de celle de Saint-Charles, c'est-à-dire le grand orphelinat des sœurs de Saint-Vincent-de-Paul, dirigé par la sœur Chavannes (amie et compagne de noviciat de la supérieure de notre orphelinat de Carlisle Place, à Londres), où cinq à six cents orphelines arabes sont élevées par Monseigneur dans une magnifique maison mauresque, qui leur a été assignée à Mustapha-Supérieur par l'illustre maréchal de Mac-Mahon. Là, elles apprennent à être bonnes ménagères, à bien travailler à l'aiguille; et, de crainte qu'elles ne souffrent de ces occupations sédentaires, elles cultivent aussi leur immense jardin, et soignent elles-mêmes leur vacherie et leur basse-cour. Il y a une douzaine de sœurs dans cette maison, organisée avec cette perfection que ces bonnes religieuses apportent à toutes les œuvres qu'elles entreprennent.

Avant d'en finir avec ce sujet si intéressant, je ne dois

pas passer sous silence l'orphelinat fondé près de la Kasbah par Mme la maréchale de Mac-Mahon et entretenu presque entièrement à ses frais. Ce sont aussi des filles de Saint-Vincent-de-Paul qui dirigent cet établissement. La sœur Pauline, supérieure, est une personne charmante, très intelligente et extrêmement aimée des Arabes, dont elle parle parfaitement la langue ; elle les visite quand ils sont malades et dans toutes les circonstances : aussi ils se mettraient en quatre pour lui faire plaisir ou lui rendre service. Il y a un externat attaché à cet orphelinat ; mais les pauvres sœurs ont la douleur de ne pouvoir donner aucune instruction religieuse aux enfants qui le fréquentent (le gouvernement ne le permet pas) ; elles sont forcées de se borner à leur inculquer la morale et à faire tout leur possible pour les préserver du triste sort qui leur est trop souvent réservé au sein de leurs propres familles. Les sœurs usent même de tous leurs moyens pour faire contracter à ces jeunes filles des mariages honnêtes dès l'âge de quatorze à quinze ans, de sorte qu'en réalité elles font beaucoup de bien, quoique ce ne soit pas précisément de la façon le plus en harmonie avec leurs sentiments.

J'en viens maintenant à la partie la plus importante de l'œuvre de Monseigneur, c'est-à-dire à l'établissement et à l'éducation des garçons arabes. Dans ce but, il acheta mille cinq cents arpents de terre près de la Maison-Carrée, première station du chemin de fer d'Alger à Blidah ; il y installa d'abord sept cents, puis huit cents orphelins, qu'il confia aux pères et aux frères de Geronimo, et il obtint bientôt des résultats merveilleux. C'était, selon toute apparence, une tâche désespérée que celle de

Orphelinat des frères de Geronimo.

défricher ce sol aride et sablonneux qui s'étend jusqu'à la plage, et de faire disparaître les fourrés épais de palmiers nains et de scilles marines, dont la racine est aussi grosse que la tête d'un enfant : ils sont cependant parvenus à cultiver cette immense étendue de terrain, que j'appellerai les *Landes* de l'Algérie, et à lui donner l'aspect d'un magnifique jardin potager.

En arrivant à la ferme, je vis des arpents de petits pois, de haricots et d'artichauts, que des garçons étaient occupés à cueillir pour approvisionner les marchés en France, sous la surveillance d'un père vêtu du costume blanc des indigènes ; un peu plus loin, d'autres enfants bêchaient une vaste prairie et la préparaient à être ensemencée. J'admirai aussi deux cent cinquante arpents de froment superbe, qui n'attendait que la faucille du moissonneur.

On me montra une grande vacherie, trente-cinq bœufs, onze mulets, de vastes vignobles qui produisent un vin excellent, et des ateliers où ces orphelins apprennent les métiers de charpentier, de maçon, de tailleur, de forgeron, etc., etc. Les outils dont ils se servent, la nourriture

On nous montra une grande vacherie.

qu'ils absorbent, les vêtements qu'ils portent, tout est le produit de leur travail. Ils ont aussi de beaux troupeaux de moutons et de chèvres. En dernier lieu, ils ont construit leur propre collège, le couvent des pères, qui n'est pas tout à fait terminé, ainsi qu'une petite maison pour Monseigneur, qui, bien qu'absent, est tenu au courant de tout ce qui se passe jusque dans les moindres détails, et continue d'être la vie et l'âme de l'établissement dont il a été le fondateur. Pour me donner une idée de la bonne santé des enfants, le supérieur me conduisit à l'infirmerie, où je ne trouvai que deux ou trois lits occupés par de jeunes malades qui ne souffraient que de légères indispositions, chose assez étonnante, étant donné le grand nombre d'orphelins réunis sous le même toit.

Il y a onze pères et dix frères convers pour diriger ce

grand orphelinat, qui commence à se suffire à lui-même, et qui deviendra même bientôt une source de profits considérables. Mais le charitable archevêque ne s'est pas contenté de recueillir, de nourrir et de faire élever sa nombreuse famille adoptive; il a aussi, en bon père, pourvu à leurs besoins pour l'avenir. Ici se présentait une grande difficulté. Comment ferait-on pour établir convenablement les orphelines élevées dans la religion catholique? Les Arabes, en tant que mahométans, ne voudraient à aucun prix les prendre pour femmes, et les Européens ne consentiraient pas davantage à s'unir avec ces pauvres filles, qui ont presque toutes la figure tatouée des signes de leurs tribus respectives. Pour aplanir cet obstacle, Monseigneur a acheté un terrain considérable dans les environs de Milianah, l'a partagé en lots, et se propose d'y faire bâtir des maisons; puis, quand ses orphelins seront en âge de se marier, il mariera ses garçons à ses filles, leur donnera en dot une de ces petites propriétés que l'un et l'autre au-

Berceau arabe.

ront appris à cultiver, et formera ainsi plus tard, par ce moyen, un noyau de population arabe chrétienne au cœur même de l'Algérie. Je ne puis que faire les vœux les plus sincères pour que ce projet admirable, digne couronnement de cette œuvre religieuse et philanthropique, ait un succès aussi complet que celui qui en a marqué les premières phases.

Dans un long entretien que j'eus avec le supérieur de ce grand orphelinat, que je visitai dans tous ses détails, le père m'avoua que la seule contrariété qu'il eût eue cette année-là, c'était de manquer de faux mécaniques, parce que, disait-il, la récolte de blé était extraordinairement abondante, et vraiment il ne savait comment s'y prendre pour la rentrer. Et c'est sur un sol qui, quatre ans auparavant, ne produisait que des palmiers nains et de mauvaises herbes!

J'ai déjà parlé du séminaire de l'archevêque à Koubba, où une quarantaine de jeunes Arabes les plus intelligents se préparent au sacerdoce, et feront plus tard, on l'espère, d'excellents missionnaires indigènes.

Il y a un autre grand séminaire attenant à la maison de campagne de Monseigneur, de l'autre côté d'Alger, au-dessus du faubourg Saint-Eugène. Il est entouré d'un grand jardin, d'où l'on jouit d'une vue splendide sur la Méditerranée. L'archevêque et les séminaristes étaient absents lors de ma visite; mais la bonne vieille femme de charge de Monseigneur me conduisit dans l'intérieur des bâtiments, où je remarquai un beau portrait en pied du martyr Geronimo. Le séminaire est à deux pas de Notre-Dame d'Afrique, bel édifice surmonté de coupoles qui dominent toute la ville d'Alger. Ce sanctuaire est l'œuvre de Mgr Pavy.

L'église est desservie par des religieux. Dans une petite chapelle contiguë, on vénère une image miraculeuse de la sainte Vierge, qui est couverte d'ex-voto et attire beaucoup de pèlerins. L'archevêque a fondé une messe à perpétuité, tous les samedis, pour le repos de l'âme de ceux qui ont péri sur mer, et dont les noms sont inscrits sur un registre spécial.

Non loin de là se trouve un autre orphelinat arabe, dirigé par des dames pieuses qui se consacrent à cette œuvre sans porter le costume religieux, à peu près comme dans l'institution de Mlle de Tulière, à Londres. Elles ont également un ouvroir dans la ville, et les jeunes filles qui le fréquentent deviennent d'excellentes modistes et couturières.

Au moment de notre visite, le magnifique palais archiépiscopal avait été converti en ambulance pour les malades et les blessés, tandis que la grande cour et les galeries servaient d'asile à une foule compacte de garçons qu'instruisaient les frères de la Doctrine chrétienne : car maîtres et élèves venaient d'être chassés de leurs écoles par le soi-disant gouvernement libéral. C'était bien, en effet, la demeure du bon pasteur qui servait à abriter sous son toit les malades et les petits enfants de son troupeau.

Après avoir déjà tant parlé des orphelinats arabes, c'est à peine si j'ose dire quelques mots touchant les écoles et les autres institutions charitables d'Alger, de crainte de lasser la patience de mes lecteurs.

Les sœurs de charité de Saint-Vincent-de-Paul, sous la sœur Barbe, supérieure générale de l'Algérie, instruisent des milliers d'enfants ; elles ont même un hospice d'enfants trouvés, une pharmacie, une crèche, les

Les frères de la Doctrine chrétienne faisant école dans la grande cour du palais archiépiscopal d'Alger.

hôpitaux civil et militaire, et toutes ces belles œuvres de la charité catholique auxquelles elles consacrent leur vie, aussi bien dans les quartiers les plus sombres de Londres que sous les rayons brûlants du soleil d'Afrique. Je trouvai ces bonnes sœurs plongées dans la douleur : le gouvernement révolutionnaire venait de fermer leurs écoles et de donner leurs belles classes à des institutrices laïques; mais les enfants avaient suivi les religieuses en dépit des radicaux, et, grâce aux efforts infatigables du pieux curé de la cathédrale, M. Martignon[1], on était parvenu à louer deux ou trois maisons arabes dans divers quartiers de la ville, et les sœurs s'y rendaient chaque jour pour instruire les enfants, entassées dans les cours, dans les plus petits recoins, enfin jusque sur les toits. Je ne pus m'empêcher de frémir en songeant à ce que maîtresses et élèves deviendraient pendant les grandes chaleurs; mais j'espère bien qu'avant cette époque un nouveau gouvernement les aura réintégrées dans leurs écoles spacieuses et bien aérées.

La dernière mesure tyrannique dont les autorités radicales se rendirent coupables pendant mon séjour fut la fermeture de la pharmacie des sœurs, où chaque jour elles distribuaient des médicaments et autres secours à des centaines de pauvres de toutes les nationalités. Lorsque cette proposition fut faite au conseil municipal, les soi-disant chrétiens, j'ai honte de le dire, votèrent à l'unanimité pour la suppression de cet établissement, et les mahométans seuls parlèrent en sa faveur. Comme un des

---

1. C'est le même M. Martignon qui, selon toute probabilité, joue un si beau rôle dans *le Miracle de Lourdes du 16 septembre* 1877.   (*Note du traducteur.*)

conseillers prétendait que l'influence *morale* des sœurs de la pharmacie sur le peuple était très mauvaise, Boukadoura, un des Arabes les plus influents d'Alger, répondit avec à-propos : « Mais, Monsieur, elles ne se mêlent que de médecine ! » Inutile d'ajouter que, selon leur coutume, les sœurs, en retour des mauvais traitements, redoublent de charité envers leurs persécuteurs. A Mustapha-Supérieur (où la sœur Félicité est supérieure), elles ont aussi un immense établissement, dont elles venaient justement d'être chassées, lorsqu'un de leurs ennemis les plus acharnés fit une chute de cheval devant leur porte ; elles le soignèrent si admirablement bien, que, dès qu'il fut remis de son accident, il ne perdit pas un instant pour les réintégrer dans leurs écoles. Mais ceci n'est qu'une rare exception.

Je fus frappée un jour de l'observation qui me fut faite par un Arabe d'un rang élevé, qui me parlait avec indignation de la manière dont le clergé et les ordres religieux sont traités par les autorités. « Je ne vous comprends pas, vous, chrétiens ! s'écriait-il. Nous ne manquons pas de sujets de discorde et de discussions parmi nous, sans doute : mais nous considérons la religion comme une sphère à part et au-dessus de tout le reste ; une chose, en un mot, trop sainte pour qu'on ose y toucher, tandis que vous vous en prenez toujours en premier à votre religion ! »

J'aurais bien pu lui répondre que c'est précisément une preuve évidente de la vérité de notre foi que cet acharnement de l'ennemi de tout bien, et cette haine invétérée qu'il inspire constamment aux hommes contre le christianisme; mais je préférai garder le silence. C'est vraiment curieux de voir, dans des pays et sous les gouvernements les plus divers, que les persécutions contre l'Église présentent partout le même caractère, et que c'est toujours au nom de la liberté que les mesures les plus arbitraires sont prises contre la religion. Mais revenons à nos sœurs de charité.

Leur hôpital militaire est un établissement magnifique, situé dans le palais et les jardins jadis occupés par le dey d'Alger et son harem; les salles, vastes et bien aérées, sont tenues dans la perfection; lorsqu'il fait chaud, les convalescents ont la permission de fumer et de se promener dans de grands corridors, ainsi que dans ces jardins superbes.

Chaque jour des vaisseaux.

Chaque jour des vaisseaux arrivaient avec des cargaisons de blessés et de varioleux. Combien il devait être agréable à ces malheureux soldats d'échanger les souffrances et les privations endurées sur le théâtre de la guerre contre les soins intelligents dont ils étaient l'objet dans ce bel hôpital, et de se sentir renaître aux rayons bienfaisants du soleil d'Afrique, après avoir été transis par le froid et l'humidité sur les champs de bataille !

La chapelle est pauvre et laide malheureusement, et le logement des sœurs est loin d'être sain; il n'a qu'un étage, et l'écoulement des eaux de la colline à laquelle il est adossé le rend humide et insalubre : aussi la supérieure, qui est d'une santé délicate, souffre-t-elle continuellement de la fièvre. Les salles des officiers sont dans un corps de logis séparé, qui servait autrefois au dey d'appartements particuliers. La cour, ombragée de palmiers et d'orangers, est tapissée de plantes grimpantes.

Outre les nombreuses maisons des sœurs de Saint-Vincent-de-Paul, il y a encore les Petites Sœurs des pauvres, établies entre Alger et Bou-Zarea, dans une belle maison mauresque, au milieu d'un site charmant, où elles soignent près de trois cents vieillards des deux sexes; les dames du Sacré-Cœur, qui ont un grand pensionnat de jeunes demoiselles au pied de Mustapha-Supérieur, et les sœurs de Bon-Secours, qui ont une habitation délicieuse dans la ville, derrière la nouvelle université. La supérieure arrivait des ambulances françaises, où elle avait soigné, entre autres personnes, le maréchal de Mac-Mahon. Elle avait bien failli être fusillée par les Prussiens, et nous raconta ses aventures d'une manière très amusante.

Elle allait rentrer à Metz, lorsque les Prussiens s'aperçurent de l'évasion d'un officier français, prisonnier sur parole, et ils voulaient à tout prix que cette pauvre sœur fût ce même officier déguisé. Ce fut en vain qu'elle protesta : elle fut condamnée à être fusillée le lendemain matin, à six heures. Enfin, un jeune officier prussien eut pitié d'elle, et lui demanda s'il n'y avait personne dans la ville qui pût répondre de son identité. Elle se souvint heureusement d'une amie, dont elle donna l'adresse; et on la conduisit sur-le-champ chez cette dame, avec une escorte de vingt soldats, qui se tenaient à la portière de la voiture. « On ne m'a jamais fait tant d'honneur, » disait-elle en riant. Son amie, qui, fort heureusement, était chez elle, la reconnut à l'instant : ce qui lui valut d'être mise en liberté immédiatement. Les Prussiens lui firent des excuses, et la bonne sœur en fut quitte pour la peur.

N'oublions pas de citer aussi les écoles des sœurs de la Doctrine chrétienne, dont la maison mère est à Mustapha-Supérieur, au milieu d'un site ravissant et de jardins magnifiques, et les sœurs du Bon-Pasteur, qui ont un établissement à El-Biar, village au nord d'Alger.

Une autre fondation religieuse qui a puissamment contribué à la prospérité de l'Algérie, c'est le monastère de la Trappe à Staouëli. Dans son intéressant petit ouvrage sur l'Algérie intitulé : *Un Hiver parmi les hirondelles*, miss Edwards a consacré tout un chapitre à la visite qu'elle fit à cet établissement, et, bien que protestante, elle en parle avec une admiration et un intérêt dont il est digne à tous égards.

Lorsqu'on quitte Alger par la rue Bab-el-Oued en passant près du grand hôpital militaire, on arrive au plus ancien cimetière chrétien du pays, auquel se rattache un fait intéressant. Ce terrain, entouré d'une haie d'aloès, fut acheté au seizième siècle par un religieux capucin (confesseur de don Juan[1] d'Autriche) avec le prix de sa rançon. Ce bon père stipula qu'il resterait en esclavage de son plein gré, et qu'il souffrirait les avanies et les mauvais traitements qu'on infligeait alors aux captifs, à la condition expresse que ses compagnons de captivité auraient la consolation d'être ensevelis avec les cérémonies du culte catholique, dans une terre consacrée, au lieu d'être jetés à la mer, comme cela se pratiquait auparavant.

Sur la hauteur, on aperçoit l'imposant édifice de Notre-Dame d'Afrique, ainsi que le séminaire et la maison de campagne de l'archevêque. Nous traversâmes le joli faubourg Saint-Eugène, dont les villas se cachent dans de délicieux jardins ou derrière des bosquets d'orangers, et nous arrivâmes à la pointe Pescade, où une antique forteresse s'avance dans la mer. Nous avions déjeuné quelques jours auparavant dans un café pittoresque construit tout auprès, et qui sert de but fréquent de promenade aux habitants d'Alger. Le site en est charmant. Sur les petites

---

1. Fils naturel de Charles-Quint, le plus grand capitaine de son siècle et le vainqueur de Lépante. Lorsque saint Pie V apprit cette victoire remportée par don Juan sur les Turcs (1571), il prononça ces paroles : « Il y eut un homme envoyé de Dieu, et cet homme s'appelait *Jean*. » Après avoir chassé les Maures d'Espagne, don Juan fit une expédition en Afrique et s'empara de Tunis ; il fit aussi une campagne dans les Pays-Bas, et mourut près de Namur. Il était né à Ratisbonne (1546-1578).   (*Note du traducteur.*)

anses sablonneuses, des cauris et d'autres coquillages étincelaient au soleil comme des turquoises; des flottilles de bateaux pêcheurs aux voiles latines se reflétaient dans l'onde azurée, tandis que des oiseaux de mer effleuraient la surface unie des eaux pour avoir leur part du butin. On eût pu se croire sur la route de la Corniche. Cette belle plage est parsemée de charmantes maisons mauresques; des vallons ombreux, arrosés par des ruisseaux, conduisent jusqu'aux montagnes qui se dressent sur l'arrière-plan. Après avoir perdu de vue le cap Pescade, le pays change tout d'un coup d'aspect: on se trouve dans une région déserte, triste et inculte; le palmier nain envahit de nouveau ces espèces de landes; et, pendant des heures entières, la route, d'une uniformité désespérante, n'offre aux regards aucune autre sorte de végétation; puis, à un coude du chemin et auprès d'une immense croix de bois, le paysage prend un autre caractère. De vastes plaines couvertes de récoltes superbes, de beaux vignobles, des figuiers touffus, des prairies plantées de géraniums odorants (que l'on cultive pour en faire des essences), vinrent réjouir notre vue. Un peu plus loin, nous rencontrâmes des troupeaux de bétail et de porcs qui paissaient sous la garde de pâtres silencieux. Bientôt nous nous trouvâmes devant un enclos d'une cinquantaine d'arpents, qui renferme le monastère, le cimetière, l'orangerie et les jardins privés des trappistes, dans lesquels il n'est permis à aucune femme d'entrer sans la permission du Souverain Pontife. Les palmiers de la cour et l'avenue de cyprès qui conduit au cimetière des pères se voyaient de l'extérieur.

Cette belle plage est parsemée de charmantes maisons mauresques.

Lorsqu'en 1830 les Français débarquèrent au cap Sidi-Ferruch, l'armée mahométane était campée à Staouëli. Une bataille y fut livrée, qui se termina en faveur des Français et décida du sort de l'Algérie. Treize ans plus tard, mille arpents de cette terre déserte et stérile furent concédés aux trappistes; et, le 19 août 1843, la petite colonie arriva conduite par son supérieur, le révérend père François-Régis (un saint religieux), qui fit dresser une tente au milieu de ce désert, et y célébra pour la première fois le saint sacrifice pour le repos de l'âme de ceux qui avaient péri dans ce combat.

Qui eût pu croire, en voyant ces colons d'un nouveau genre, si dénués des biens de la terre, qu'ils viendraient à bout de la tâche difficile et pénible de défricher ces landes et de les rendre propres à la culture?

Mais que ne peut la charité aidée du travail sanctifié par la prière? Le supérieur était un homme à la hauteur de l'entreprise : et, au bout de trois ans, le désert se trouvait transformé comme par enchantement en cette magnifique propriété que nous venions d'admirer. La première pierre de l'abbaye fut posée sur une couche d'obus et de boulets ramassés sur le champ de bataille. C'est un édifice rectangulaire, dont le centre est occupé par un jardin entouré d'un cloître à doubles arcades, œuvre d'un père italien, qui mourut en 1848. Une des ailes renferme la chapelle; le reste comprend le réfectoire, la cuisine et les cellules. Tout y est d'une simplicité évangélique. Sur les murs du réfectoire on lit ces mots : « S'il est triste de vivre à la Trappe, il est doux d'y mourir. » A gauche du monastère, on voit de vastes bâtiments de fermes, des greniers, des granges, des étables pour les bestiaux. Un peu plus loin sont les vergers et les vignobles, qui produisent annuellement une énorme quantité de vin excellent, re-

Trappe de Staouëli.

venu principal de l'abbaye. On donne du travail et des secours à tous les Arabes qui se présentent à la porte du couvent. On peut dire que les trappistes ont vraiment changé l'aspect du pays qu'ils habitent; leur énergie et leur labeur persévérant ont su tirer tout le parti possible de ce sol fertile et de ce ciel clément.

Le père abbé nous reçut sous le porche, et nous conduisit dans une petite hôtellerie destinée à recevoir les pèlerins, en nous faisant mille excuses de ce qu'il lui était impossible de nous faire franchir la clôture. Mais il fit ouvrir le grand portail, pour nous laisser admirer le palmier planté au milieu de la cour, qui passe pour être le plus beau de toute l'Algérie, et qui abrite sous son ombre une gracieuse statue de Notre-Dame de Staouëli. Il nous fit un exposé très intéressant de leur œuvre, qui prend chaque jour de nouveaux développements. Outre les cent dix religieux de chœur, il y a un assez grand nombre de frères convers; ils emploient aussi environ cent soixante-dix Arabes, Français et Espagnols indigents, aux travaux agricoles; quelques-uns même sont des prisonniers arabes envoyés par le gouvernement pour finir leur temps, lorsqu'ils ont fait preuve de bonne conduite en prison. Nous avions apporté de quoi déjeuner, au grand chagrin du père abbé, qui avait déjà commandé du poisson, des omelettes et du fromage pour notre repas. Mais ce fut notre courrier qui fit une drôle de grimace lorsque, se préparant à nous servir un poulet, il fut arrêté par le frère portier avec la consigne : « Les poulets n'entrent pas ! » Comme c'était un mardi gras, nous trouvâmes la règle un peu dure ; mais le père nous expliqua qu'il n'était jamais permis chez eux d'enfreindre l'observance du maigre, d'un bout de l'année à l'autre, et que, si des étrangers laissaient par hasard des débris de viande, cela pourrait donner lieu à des abus. Il nous dédommagea de cette privation en nous apportant du pain et du beurre excellents, du café, des oranges et du vin de leur cru, le plus exquis que j'aie jamais bu de ma vie. Les trappistes ont un usage très touchant : lorsque des étrangers (riches ou pauvres) viennent leur demander l'hospitalité, ils se prosternent en

Le père supérieur de la trappe de Staouëli.

terre devant eux, comme pour reconnaître en leur personne celle de notre divin Sauveur. Il se présente chaque année un assez grand nombre de postulants, parmi lesquels il n'est pas rare de rencontrer d'anciens zouaves : les uns s'en vont, les autres demeurent ; on ne refuse jamais personne : c'est au temps à faire son œuvre et à éprouver la vocation de ces aspirants à la vie religieuse. Le silence le plus rigoureux est observé dans la clôture; le supérieur seul en est dispensé. Les occupations journalières de chaque moine sont inscrites sur un tableau suspendu sous le cloître, où ils se rendent tous après la messe et l'office. Malgré leur vie austère, ces religieux me parurent en général jouir d'une bonne santé. Les vieillards et les infirmes fabriquent des rosaires de cauris, qu'on vend au profit des pauvres qui se pressent aux grilles du monastère. N'est-ce pas extraordinaire que les seuls efforts vraiment sérieux faits pour cultiver les environs d'Alger soient dus à l'initiative du clergé régulier et séculier? Et les résultats mer-

Trappiste défrichant.

veilleux obtenus à Staouëli et à la Maison-Carrée par des moines et par des prêtres démontrent assez quel excellent parti l'on pourrait tirer de ce sol au moyen d'un travail habilement dirigé.

Le sujet de la colonisation française en Algérie ne paraît pas avoir été bien compris jusqu'à ce jour; mais, tandis qu'il n'est pas difficile de trouver à redire à l'état inculte où sont encore les trois quarts de ce beau pays, il n'est pas si facile d'y apporter remède. Les uns attribuent le mal au gouvernement militaire de la colonie; on ne doit pas oublier cependant que l'Algérie a été conquise graduellement sur les Arabes, et qu'une autorité purement civile ne se ferait pas respecter par ces tribus belliqueuses, dont l'idéal de la puissance consiste dans une artillerie plus ou moins imposante. « Ils se moquent d'un Français en habit noir, me disait un jour un homme très intelligent, tandis que l'uniforme est pour eux un porte-respect. » D'un autre côté, les Français ont commis une erreur capitale en envoyant comme colons des hommes sans le sou, déclassés pour la plupart, perdus de santé et de réputation. Le gouvernement impérial a ensuite eu le tort de considérer l'Algérie simplement comme une colonie pénitentiaire, où il était fort commode d'envoyer des condamnés politiques dont les délits n'étaient pas assez graves pour qu'on les déportât à Cayenne, et qu'on ne pouvait cependant pas garder en France, où leur présence était une menace permanente contre la sûreté publique. Ce fait explique suffisamment l'existence de l'élément révolutionnaire et communard dans ce pays, ainsi que la multitude de « cafés » et de « billards » que l'on rencontre à chaque pas, souvent en ruine, il est vrai, mais qui paraissent être les seuls établissements capables de fournir de l'occupation à ces sortes de gens. On ne peut nier toutefois que même les émigrés et les colons honorables ne rencontrent de grands obstacles, qu'on fait remonter à diverses causes. L'un d'eux attribue sa non-réussite aux impôts onéreux, aux prohibitions des douanes françaises et aux droits d'entrée exorbitants levés sur les vaisseaux étrangers. Les colons français, me disait-il, payent fort cher toutes les denrées et tous les articles qui ne sont pas un produit de l'Algérie, tandis qu'ils vendent avec une perte considérable tout ce qu'ils exportent, vu les droits de port, les frais de chargement et de commission, qui sont énormes. Des centaines de vaisseaux étrangers, ajoutait-il, passent outre devant les ports de la colonie, qui y entreraient volontiers pour trafiquer et faire un chargement, si ce n'étaient encore ces redevances ruineuses du port. D'autre part, un Anglais intelligent et très habile en affaires, qui fait valoir une grande ferme aux environs de Koléah, pense que l'on doit d'abord s'en prendre aux colons eux-mêmes; que les droits d'entrée pour les machines à vapeur et les instruments aratoires, par exemple, se réduisent à fort peu de chose, et que lui-même en a importé une quantité considérable de l'Angleterre sans beaucoup de frais. Il dit aussi que le mal vient de ce que, lorsqu'un Français achète ou obtient une concession de terre, il ne s'y fixe jamais, mais loue sa propriété à un autre individu, qui la sous-loue à un troisième, de sorte que le premier propriétaire ne s'intéresse aucunement à sa terre, qui est censée devoir rapporter du profit à trois personnes au lieu d'une seule. M. M... ajoutait qu'il ne lui manquait absolument que des bras. Il fit d'abord venir quelques familles anglaises, et les installa confortablement dans sa nouvelle ferme. Malheureusement, la plaine de la Mitidjah, où elle se trouve située, est très insalubre à certaines époques de l'année : le premier de ces hommes mourut de la fièvre; les autres, saisis d'une terreur panique, se découragèrent, et finalement toute la petite colonie repartit pour l'Angleterre. Il essaya alors d'employer

Alger. — Place du Gouvernement (côté de la mer).

des Arabes; mais ceux-ci, qui s'occupent volontiers du soin des bestiaux, ne veulent pas travailler à la terre. Aujourd'hui il emploie des journaliers français, auxquels il donne 25 francs par semaine, et des Espagnols comme terrassiers. M. M... regrette beaucoup que tous ces ouvriers n'entendent rien aux machines anglaises, qui suppléeraient si avantageusement aux hommes, qu'on a tant de peine à se procurer dans ce pays[1].

Pendant mon séjour à Alger, on me demanda si je voulais me charger d'envoyer une portion de notre population surabondante pour coloniser l'Algérie; mais, comme le comité d'émigration, tout en se montrant très désireux d'avoir des ouvriers anglais, n'avait rien organisé pour les recevoir, je me fis ce raisonnement qu'il serait de la dernière imprudence de débarquer un émigré anglais sur une rive étrangère dont il ne connaît ni le peuple ni la langue, sans qu'il y ait quelqu'un pour le guider et le diriger dans les commencements. La maréchale de Mac-Mahon avait fait venir des Irlandais il y a quelques années; on les envoya dans une localité malsaine : la plupart de ces pauvres gens moururent de la fièvre, et ceux qui survécurent durent être renvoyés malades dans leur pays. Il est certes bien à regretter qu'un pays aussi riche, aussi magnifique, demeure ainsi abandonné et en grande partie inculte, quand il suffit de gratter la terre pour avoir des récoltes splendides; tandis que des milliers de nos compatriotes meurent de faim en Angleterre, faute de travail.

---

1. Depuis que j'ai écrit ce chapitre, j'ai appris que M. M... avait cédé sa ferme à son associé français.

Mais tant qu'on ne se sera pas organisé de manière à recevoir, à protéger les colons anglais qui pourraient émigrer en Algérie, et à veiller sur leurs intérêts, toutes les tentatives qui seront faites dans ce but n'amèneront que de cruelles déceptions.

J'allais oublier une des causes les plus sérieuses de

La fontaine bleue à Alger.

l'insuccès des colons français : je veux parler des incendies. Il arrive trop fréquemment que, lorsque les récoltes ont atteint leur parfaite maturité, les Arabes viennent en cachette y mettre le feu, et détruisent ainsi en une seule nuit toutes les espérances de l'agriculteur. On nous montra aux environs de Marengo toute une étendue de pays boisé, noirci par le feu et complètement perdu. En vérité, il y a là de quoi décourager le colon le plus entreprenant.

158 L'ALGÉRIE CONTEMPORAINE.

Espérons toutefois que le résultat de la dernière insurrection donnera plus de sécurité, et que l'immigration des Alsaciens-Lorrains (qui commençait lorsque je quittai Alger) contribuera, par le travail persévérant de ces nouveaux émigrés, à changer graduellement l'aspect du pays. N'oublions pas non plus que l'Algérie est à peine colonisée, qu'elle est à peine sortie de l'état d'un pays conquis par la force des armes, et que jusqu'à ce qu'elle soit entièrement pacifiée on ne pourra entreprendre que bien peu de chose pour sa colonisation.

Zouave donnant son pain à une Arabe pauvre.

CHAPITRE CINQUIÈME

CHERCHELL EN TIZI-OUZOU

KABYLE

V

CHERCHELL ET TIZI-OUZOU

Les deux plus charmantes excursions qu'il soit possible de faire lorsqu'on est à Alger (bien qu'elles soient des deux côtés opposés), sont : une visite aux antiquités romaines de Cherchell, et une excursion dans les montagnes sauvages de la Kabylie. Pour les faire d'une manière agréable, il faut y consacrer quatre ou cinq jours, louer une petite voiture à Alger, et s'entendre avec les autorités pour obtenir un relai de chevaux.

Pour nous rendre à Cherchell et au « tombeau de la Chrétienne », que nous désirions vivement connaître, nous prîmes la route supérieure de Staouëli en passant par les villages d'El-Biar et de Cheraga. Nous eûmes bientôt perdu de vue les fermes plantureuses et les riches vignobles des trappistes, et nous nous trouvâmes, comme à l'ordinaire, au milieu d'un pays désert et stérile, jusqu'à ce qu'ayant traversé un joli pont sur la rivière Oued-Mazafran, nous échangeâmes la vue des palmiers nains pour celle d'immenses champs de blé, de tabac et de coton. Nous passâmes la nuit à Koléah, jolie petite ville perchée sur une des sommités de la chaîne du Sahel, qui domine la grande plaine de la Mitidjah du côté de Blidah. On y remarque une petite mosquée, une fontaine pittoresque, une « koubba » ombragée de palmiers, et un cyprès dont la semence fut, dit-on, rapportée de la Mecque. Après avoir retenu les deux seules chambres de l'auberge de Koléah, nous changeâmes de chevaux pour aller au « tombeau de la Chrétienne », à environ six lieues de distance. La route nous parut fort monotone avec ses lentisques et ses sempiternels palmiers nains; elle n'était égayée çà et là que par quelques « gourbis » arabes, remplis d'indigènes qui surveillaient leurs troupeaux tout en buvant du café : ils étaient là, assis sur leurs talons, gardant un morne silence; leurs visages bronzés se laissaient seuls entrevoir sous les plis volumineux de leurs burnous. Ce pays sauvage et désert me remplissait malgré moi d'une crainte vague touchant ce que pourraient bien être les intentions de ces personnages à l'air farouche et presque menaçant. Les événements postérieurs nous prouvèrent que nos inquiétudes n'étaient pas dénuées de fondement : aussi ce nous fut un soulagement d'apercevoir les grands bâtiments de ferme de M. M... (l'Anglais dont j'ai parlé précédemment, et qui venait de s'associer à un colon français), bien que les hautes murailles à meurtrières de l'enceinte témoignassent assez de la nécessité où l'on est de se défendre d'une part contre les incendies et de l'autre contre les attaques des indigènes. A gauche, s'étend le grand lac stagnant de Halloula, renommé pour ses sangsues et ses canards sauvages, et tristement célèbre aussi par les fièvres que ses exhalaisons fétides engendrent en été. Comme les fortes pluies récentes avaient emporté la route qui conduit au tombeau, nous descendîmes de voiture pour gravir la colline à travers d'épaisses broussailles, sous la conduite d'un guide arabe, que nous louâmes au café maure de l'endroit. Le sentier était des plus raides et le soleil brûlant. Vu de loin, le tombeau ressemble à une meule de foin gigantesque. Il se compose de plusieurs escaliers de cinquante-trois marches (dont chacune est aussi haute que celles des pyramides d'Égypte), placés en cercle à environ soixante-quinze mètres de distance du monument, qui ressemble à un immense cône surbaissé. Dans l'origine, ce mausolée devait avoir douze pans ; une porte basse et massive, flanquée de piliers énormes, probablement restes d'un ancien portique, donne accès à l'intérieur : c'est l'entrée principale, et encore faut-il s'aider de ses mains et de ses genoux pour pouvoir pénétrer dans une grande rotonde, sur laquelle s'ouvrent de petites pièces destinées à servir de caveaux mortuaires. Après beaucoup de controverses à ce sujet, je crois qu'il a été établi d'une manière incontestable que ce monument bizarre fut construit par Juba II, roi de Mauritanie, vers l'an 26 avant Jésus-Christ, comme lieu de sépulture pour lui-même et sa famille. Le nom absurde donné à cet édifice (tombeau de la Chrétienne) est une corruption de « Khour-er-Roumia » ou « Khour-Roumin », qui signifie « le tombeau des rois et des puissants de la terre ». Tout naturellement les Arabes, aidés de leur imagination fertile, nous racontent d'innombrables légendes à ce sujet, et ils sont convaincus que le tombeau renferme des quantités fabuleuses d'or et d'argent. Au seizième siècle, ces histoires parvinrent aux oreilles d'un certain pacha, qui envoya une troupe d'ouvriers à la recherche des prétendus trésors; mais à peine eurent-ils ouvert le mausolée, qu'ils furent glacés de terreur par l'apparition d'un fantôme, qui, debout sur le faîte et étendant ses bras du côté du lac aux eaux stagnantes, s'écria : « Halloula! Halloula! au secours! » Son appel fut entendu : en un instant, des essaims de moustiques des plus voraces, et dont la piqûre était mortelle, obscurcirent l'air environnant; les ouvriers s'enfuirent, et pour rien au monde ne voulurent se remettre à l'œuvre.

On nous raconta cette légende pendant que nous nous reposions sur un des immenses piliers qui gisent parmi les ruines, et que nous contemplions le panorama grandiose qui s'étendait devant nous. C'était, au nord, la Méditerranée aux flots d'azur et les rochers de Cherchell, qui s'avancent dans la mer; au sud, la belle plaine de la Mitidjah, bornée par la chaîne de l'Atlas, tandis qu'une brume légère, s'élevant du lac Halloula par-dessus les arbres qui ombragent ses rives, donnait à cette scène cet aspect voilé et indécis qui fait ordinairement défaut aux paysages algériens. Nous étions récompensées de notre peine par ce beau spectacle; mais lorsque nous rentrâmes le soir à Koléah, nous étions tellement brisées de fatigue, que nous

Koléah.

n'eûmes pas le courage de trouver à redire à l'organisation par trop primitive de la petite auberge. Il faut d'ailleurs rendre justice à qui de droit : en Algérie, les lits sont toujours bons et propres, et ils ne sont pas *habités*. Nous voudrions pouvoir en dire autant de l'Espagne et de l'Italie.

Le lendemain matin, je me rendis à la jolie petite église bâtie auprès du jardin botanique, et j'y trouvai des sœurs de la Doctrine chrétienne, qui ont une belle école à côté. A sept heures, nous repartions pour Cherchell, faisant une halte pour déjeuner à Marengo, charmant village situé à l'extrémité occidentale de la plaine de la Mitidjah et au pied des montagnes de Beni-Menacer. Les sœurs de Saint-Vincent-de-Paul y dirigent un immense établissement : l'hôpital civil (qui contenait alors quatre-vingt-dix malades atteints de fièvres et des infirmes), un orphelinat, une maternité, l'hôpital arabe, les écoles communales et les salles d'asile. Ces bonnes sœurs, qui sont au nombre de neuf, nous firent l'accueil le plus aimable : elles nous servirent à déjeuner du beurre qu'elles venaient de battre (elles ont une belle vacherie), luxe très rare dans ce pays, et nous cueillirent les plus jolies fleurs de leur jardin. Nous apprîmes que les plaines et les bois voisins étaient infectés de fièvres, et que leur hôpital n'avait plus un lit de vacant; et ce serait encore bien plus terrible en été! « Et vous, ma sœur, » demandai-je à la supérieure (une femme charmante), « n'avez-vous pas peur? ». — « De quoi aurions-nous peur? » me répondit-elle simplement. « Jusqu'à présent aucune de nos sœurs n'est morte, bien que l'une d'elles ait été dangereusement malade : aussi je l'ai envoyée à Alger pour changer d'air. Mais si le bon Dieu voulait nous prendre, nous sommes toutes prêtes; nous irions seulement un peu plus tôt dans la demeure de notre Père céleste. » Il était impossible de ne pas envier cette disposition sereine et généreuse d'une âme aussi prête à vivre et à travailler qu'à mourir, selon le bon plaisir de Dieu, sans se préoccuper de la moindre chose, sauf de l'accomplissement de sa sainte volonté.

A partir de Marengo, le paysage devient de plus en plus agréable : on se dirait dans un parc anglais et au milieu de clairières pratiquées dans une belle forêt. Faute d'un pont, il nous fallut traverser à gué la rivière Oued-el-Hachem pour arriver à Zurich, petite ville bâtie sur l'emplacement d'une antique cité romaine. Dès que nous eûmes franchi les portes, nous nous trouvâmes en présence d'un superbe aqueduc à trois rangs d'arches superposées, parfaitement conservé; et, après avoir côtoyé la mer pendant

Thermes romains à Cherchell.

près d'une heure, nous entrâmes à Cherchell, le paradis des archéologues. De tous côtés s'élèvent des ruines romaines, des chapiteaux superbes, de magnifiques colonnes de marbre, de porphyre, de breccia et de granit, des murailles de tuf rouge, des aqueducs, des thermes, des temples, etc. Cherchell doit son origine à une colonie phénicienne. Juba II l'embellit et en fit la capitale de son royaume de Mauritanie, sous le nom de Césarée; mais lorsque son fils Ptolémée fut assassiné, ce royaume finit par se fondre dans l'immense empire romain. Cherchell devint alors la résidence favorite de l'empereur Théodose, ainsi que le siège d'un évêché. Sa destruction date de l'invasion des Vandales en Afrique. Le pic élevé du Ras-el-Amruch (que les Français appellent le mamelon), se dresse au-dessus de la ville. Le musée, que nous visitâmes, renferme encore une collection assez intéressante de statues, de médailles et d'inscriptions ; mais on l'a dépouillé de tout ce qu'il possédait de plus remarquable en faveur du musée d'Alger. La grande mosquée a été convertie en un hôpital militaire, dont la voûte est soutenue par des arcades en fer à cheval, reposant sur quatre-vingts pilastres de fort beau granit vert, qui ont évidemment appartenu à la colonnade d'un temple païen. Quelques colonnes surmontées de beaux chapiteaux sont encore debout parmi les décombres de l'antique palais. Mais ce sont les vastes réservoirs qui excitent l'admiration par leur état merveilleux de conservation (ce caractère de durée n'appartient qu'à l'architecture romaine) : ainsi, aujourd'hui ils fournissent de l'eau à la ville comme ils le faisaient il y a dix-huit siècles.

En sortant des thermes, nous allâmes sur la plage, couverte de coquillages ; et, après avoir traversé des bois d'orangers et d'oliviers, nous aperçûmes ce qui m'intéressait le plus à Cherchell, les ruines du cirque où saint Marcien, martyr, fut dévoré par les bêtes féroces, et où saint Servien et son épouse sainte Aquila furent brûlés vifs. Les sièges des spectateurs sont restés intacts, ainsi que les galeries souterraines où l'on enfermait les animaux avant de les lâcher sur leurs victimes. Aujourd'hui, des haricots poussent au milieu de l'arène, et il est évident que nul n'a souci de conserver ces vénérables débris. Avec

Près la porte d'Alger, à Cherchell.

les actes de ces martyrs présents à la mémoire, il ne me fut pas difficile d'imaginer et de réaliser cette scène de foi et d'héroïsme.

Un peu plus loin, on remarque un tombeau pareil à celui que nous avions vu la veille, mais plus petit, et que l'on croit avoir été construit par Juba pour y ensevelir ses esclaves et ses affranchis. Nous vîmes aussi le théâtre antique où saint Arcadius fut coupé en morceaux pour avoir confessé la foi de Jésus-Christ, ainsi que les excavations récentes pratiquées dans le port, qui ont mis à découvert des antiquités, des vases romains, et entre autres curiosités un vaisseau submergé chargé de poterie. La ville moderne n'offre pas le moindre intérêt : toujours des casernes, et surtout les cafés et les billards, qui paraissent nécessaires à l'existence des Français en Algérie. Aussi, après avoir vu tout ce qui en vaut la peine dans l'antique Cherchell, nous repartîmes par la route qui conduit à la gare d'El-Affroum, et de là par Blidah à Alger. Ce fut un voyage assez triste : car, en voyant dès la chute du jour les vapeurs pestilentielles qui s'élevaient de la grande plaine que nous traversions, nous songions avec douleur à tous les malheureux qui remplissaient l'hôpital des bonnes sœurs à Marengo.

En arrivant à El-Affroum, nous aperçûmes un pauvre homme gémissant et se tordant dans les angoisses de la fièvre, et presque sans connaissance. Nous lui donnâmes des oranges, qu'il avala tout entières, et avec une avidité qui prouvait combien sa soif était ardente. Ce malheureux retournait à Blidah, chez sa mère ; l'espoir d'un gain élevé l'avait amené dans la plaine, et, en y travaillant, il avait rencontré la mort : car à la prochaine station nous vîmes qu'on le transportait hors du wagon, comme si tout était fini. Le soir de ce même jour, nous rentrions à Alger, ne nous doutant guère qu'avant l'expiration de trois mois un soulèvement des Arabes porterait le fer et le feu dans le beau pays que nous venions de visiter, et que des ruines fumantes, des forêts noircies et carbonisées auraient remplacé les riches fermes et les bois riants de la Mitidjah.

Le soir de ce même jour.

Après quelques jours donnés au repos, nous remontâmes dans notre petite voiture pour aller cette fois dans la direction contraire visiter les Kabyles au sein de leurs montagnes. Le correspondant du *Daily-News* en Algérie a tracé un tableau si fidèle de ce pays et de ses habitants, ainsi que de l'insurrection qui éclata après notre départ, que j'espère qu'il voudra bien me permettre de lui emprunter quelques citations.

Le jour commençait à poindre lorsque nous sortîmes d'Alger par le faubourg de Mustapha-Inférieur, en passant près du champ de manœuvres, qui sert aussi de champ de courses. On ne voyait personne à cette heure matinale, sauf quelques sœurs de charité se rendant à la messe, et çà et là des conducteurs de chameaux rentrant chez eux avec leurs utiles animaux. La route était bordée de haies d'aloès entremêlés de férules aux panaches d'or et à l'élégant feuillage, ainsi que des fleurs aux blancs épis de l'asphodèle. Un trajet d'une heure nous amena à la Maison-Carrée ou prison d'État, dont j'emprunte la description au journaliste nommé ci-dessus.

Conducteurs de chameaux.

« La Maison-Carrée est un établissement où l'on renferme des individus condamnés à la prison simple : c'est un grand bâtiment carré, d'un seul étage, d'une superficie de huit cents mètres carrés en plan, avec un jardin et une cour de récréation. Elle compte aujourd'hui environ huit cents détenus, dont trois cents seulement couchent dans la prison ; les autres travaillent dehors, quelquefois à cent kilomètres de distance. Sur les trois cents qui couchent dans l'établissement, soixante ou soixante-dix sont Européens. L'uniforme de la prison est de toile blanche, et se compose d'un pantalon, d'une blouse et d'une calotte grise. Les Arabes portent un pantalon qui descend jusqu'au-dessous du genou, et une calotte rouge et jaune; quant aux plus coupables, on les reconnaît à leurs calottes jaunes. Le bâtiment et ses habitants sont gardés par une quarantaine de soldats. Il y a, en outre, un gardien armé d'un sabre et d'un fusil pour chaque escouade de trente prisonniers. Les dortoirs sont dans un corps de logis voûté, munis de vasistas percés dans la toiture; ils sont excessivement renfermés et malsains : celui des Arabes a environ trente mètres de largeur sur quarante-cinq mètres et demi de longueur, et moins de trois mètres de hauteur; celui des Européens, bien que plus large, a les mêmes dimensions. Les Arabes ne souffrent guère du manque d'air pur, accoutumés comme ils le sont dès leur enfance à respirer une atmosphère viciée, tandis que les Européens, pourtant moins nombreux et plus au large, s'y trouvent fort mal. L'inspecteur qui m'accompagnait, s'exprimait très énergiquement sur ce sujet. Chaque détenu est pourvu d'une natte et d'une paillasse. Les prisonniers vieux et infirmes sont dans un local séparé. Il y a aussi une infirmerie : c'est une construction rectangulaire en bois (peut-être trop bien aérée), qui contient de soixante à soixante-dix lits; elle est partagée en deux parties par une simple grille en bois; le gardien et les infirmiers ont une chambre au milieu; en entrant, on a la division occupée par les Arabes à droite, et celle des Européens à gauche. Il y avait lors de ma visite quatorze malades à l'infirmerie, dont dix Arabes et quatre Européens. Les maladies régnantes sont la fièvre parmi les étrangers, et les maladies de poitrine chez les indigènes. Les prisonniers font deux repas par jour : le matin, on distribue aux Arabes une soupe composée de pain, de haricots, de choux, de riz et de légumes verts, le tout accommodé à l'huile ; les Européens ont un potage à la graisse ; au repas du soir, ils ont du riz et des haricots ; les détenus reçoivent la même ration de pain que les soldats, et de la viande une fois par semaine. Il leur est permis, en outre, d'acheter différentes choses à la cantine avec l'argent qu'ils gagnent par leur travail.

« La Maison-Carrée reçoit des prisonniers condamnés à une année de détention et au delà. Il s'y trouvait alors un capitaine de mobiles, qui avait insulté son colonel : il en avait pour six ans ; un autre individu devait y passer vingt ans, et un troisième, quinze ans de réclusion. Mais la durée moyenne varie de trois à dix ans. Un fait assez remarquable, c'est que les cas de vol et d'homicide sont assez rares chez les Arabes, tandis que les délits contre les mœurs sont nombreux. Les prisonniers sont nourris, vêtus et soignés en cas de maladie aux frais d'un adjudicataire, qui reçoit du gouvernement, à cet effet, cinquante-huit centimes par jour pour chaque détenu. Il jouit en outre du droit de louer les prisonniers à des fermiers et d'en employer lui-même un certain nombre, à condition toutefois qu'il donnera à chaque individu ainsi loué ou employé la somme de vingt centimes par jour. Lorsque je visitai la Maison-Carrée, il y avait cinq cents hommes qui travaillaient au dehors, sous la surveillance d'un gardien pour chaque escouade de vingt détenus, ainsi que de celle de la force armée. »

Quand on quitte la Maison-Carrée, on passe par une région admirablement cultivée, appartenant à une colonie

Une colonie de Mahonnais des îles Baléares.

de Mahonnais des îles Baléares, qui ont la réputation d'être les meilleurs maraîchers de l'Europe. Leur village, construit auprès d'une source célèbre, porte le nom de « Fort-de-l'Eau ». Après avoir traversé des vignes et des vergers, nous arrivâmes auprès d'un immense caravansérail, autour duquel se tenait un grand marché indigène. Il fallait voir des centaines d'Arabes se pressant, criant à tue-tête et gesticulant d'une manière digne de « ce peuple criard », comme les appelle Lamartine, tandis que de longues files d'ânes et de chameaux marchaient gravement à côté de notre voiture ou tondaient l'herbe dans les prés voisins.

Le pays présenta bientôt un aspect plus agreste. Au col de Beni-Aïcha, on trouve un misérable petit relais de poste. Tandis qu'on donnait à manger à nos chevaux, nous nous fîmes servir à déjeuner sous une tonnelle du jardin. Tout en s'occupant de nous, notre hôtesse se lamentait beaucoup de ce qu'il n'y avait dans ce village ni église ni école pour ses enfants, et de ce qu'elle vivait dans des transes perpétuelles, d'un soulèvement des Kabyles. J'ai songé plus d'une fois à ces braves gens et au sort qui leur fut

Puits arabe.

probablement réservé lors de l'insurrection qui éclata, en effet, un ou deux mois plus tard.

A partir de Beni-Aïcha, on entre dans la Kabylie par une pente assez douce, jusqu'à ce qu'on arrive au sommet du col, d'où l'on jouit d'un coup d'œil admirable sur la chaîne des montganes de la Djurjura, dont les pics déchirés et neigeux étincelaient au soleil. Descendant dans la plaine, où de nombreuses troupes de cigognes étaient occupées à chercher leur pâture, nous traversâmes l'Isser,

A partir de Beni-Aïcha on entre dans la Kabylie.

belle et large rivière formée par la jonction de deux cours d'eau, et nous arrivâmes au sein d'une population complètement différente, par ses mœurs et son physique, des autres habitants de l'Algérie. Au lieu de l'Arabe enveloppé dans son burnous, assis à la porte d'un café ou à l'entrée de sa tente presque toujours oisif, nous nous trouvâmes en présence d'une race laborieuse, patiente et persévérante, adonnée à l'agriculture, promenant péniblement sa charrue sur le flanc de ces collines escarpées, dont elle ne laisse pas un demi-arpent inculte. Le Kabyle, avec sa tête nue et rasée, forme un contraste frappant avec l'Arabe, toujours soigneusement encapuchonné. Le premier mène aussi un genre de vie complètement différent : il est sobre, déteste la vie nomade, aime son foyer ; il est habitué aux travaux pénibles, et en même temps montre une adresse étonnante pour les arts industriels et les manufactures. A l'Exposition nationale d'Alger, toutes les armes à feu, les poignards, les bijoux, les outils, la poterie, la vannerie, ainsi que le

Poterie et vannerie kabyles.

drap, la toile et autres étoffes, étaient le produit de l'industrie kabyle. Ces gens-là me rappellent beaucoup le paysan russe, qui, lui aussi, est laborieux, fort adroit à toutes sortes de métiers, et ne se rebute jamais des obstacles qu'il rencontre. Le Kabyle aime ses montagnes avec passion; il se montre hospitalier et bienveillant à l'égard des étrangers, mais il a cela de commun avec le Corse qu'il est très vindicatif et jure une haine éternelle à quiconque l'a insulté ou maltraité. Il est ordinairement monogame et aime beaucoup ses enfants; les femmes n'ont qu'une position très inférieure chez eux. Ils n'habitent pas sous la tente, mais se construisent des huttes de terre et de chaume, de la forme d'une meule de foin sphérique, le plus souvent sans toiture, et ordinairement entourées d'un enclos servant à parquer leur bétail et formé de claies de joncs; ils protègent aussi leurs champs de haies faites de ces mêmes roseaux jaunes solidement entrelacés qui croissent en abondance au bord des rivières. J'emprunte encore au correspondant du *Daily-News* la description suivante, si vraie, de ce peuple et de ses habitations.

« Les Kabyles sont très mystérieux dans leur genre de vie : il y a devant chaque maison une cour avec une porte ou claie placée de manière qu'on ne puisse rien voir de ce qui se passe de l'autre côté.

« Je pénétrai donc par cette porte en claire-voie dans la cour d'entrée, et j'entrai dans la maison à droite : c'était une construction de pierre et d'argile, avec des murs très épais (probablement pour se préserver de la chaleur) et pas de croisées ; le toit, sans cheminée (selon l'usage kabyle), me parut fait de longues tuiles rouges de la forme d'un demi-cylindre ; l'intérieur de l'habitation se partage en deux parties : la division extérieure n'a qu'une porte, par laquelle bêtes et gens passent dans la pièce réservée à la famille ; à gauche, on voit une seconde entrée, qui conduit à l'étable, où chèvres, brebis, ânes, mulets, vaches, en un mot, tout le gros et le menu bétail est renfermé pendant la nuit ; l'autre pièce ne ressemble pas mal à une cave, autour de laquelle sont placés des bancs de pierre, qui mesurent quatre pieds de largeur sur un mètre de hauteur, et servent de sièges et de lits aux Kabyles : ils sont garnis, à cet effet, de nattes d'herbes tressées. Au-dessus de l'étable, j'aperçus sur une saillie plusieurs énormes vases de terre, de cinq pieds de hauteur, qui contenaient du blé ; ces cruches

Cruches kabyles.

sont fabriquées par les femmes de la manière suivante : l'une d'elles entre dans l'intérieur du vase, pétrit la terre et lui donne la forme voulue, tandis que les autres s'occupent de l'extérieur; puis, quand il est achevé, on en retire la femme qui était dedans, et l'on fait cuire la cruche au soleil ou à petit feu.

Intérieur du gourbi.

« Bien que la condition des femmes en Kabylie soit un peu meilleure qu'au midi de l'Algérie, elle est cependant loin d'être satisfaisante. On peut dire sans rien exagérer que le Kabyle fait aussi peu de cas de sa femme que de ses mulets. Le mari, ou plutôt le maître, est excessivement jaloux de son épouse, et malheur à elle si elle adresse la parole à un homme ou si elle se permet même de le regarder! Être reçu dans un intérieur kabyle parmi les femmes, c'est la plus grande marque d'amitié et de confiance qu'un chef de famille puisse vous donner : aussi, lorsque je demandai à visiter une habitation à Tin-Cachin, on fit d'abord beaucoup de difficultés, et l'on ne m'accorda cette permission que lorsqu'on eut fait disparaître toutes les femmes.

« Le costume kabyle se compose d'une longue chemise qui descend au-dessous du genou, d'un burnous, d'une calotte blanche et d'un bonnet de laine rouge; ces montagnards sont rarement chaussés dans leur intérieur; cependant ils portent des souliers quand ils vont aux champs, afin de se préserver des épines. Les femmes sont vêtues d'une longue chemise retenue par une ceinture de couleur, et qui descend jusqu'à la cheville; elles se coiffent d'un foulard; la plupart ont des bracelets aux poignets ou aux jambes, des boucles d'oreilles et des bijoux dans leurs cheveux; quelques-unes ont la figure tatouée. »

Après avoir traversé la rivière, nous arrivâmes au pied d'une forteresse turque perchée sur un rocher qui surplombe le cours d'eau, et qui fut le théâtre d'un combat sanglant entre les Kabyles et les Turcs peu de temps avant l'invasion française. Ce peuple belliqueux n'a encore jamais été soumis par aucune nation, et il ne faut pas se faire illusion sur son attitude pacifique d'aujourd'hui ; elle s'explique tout simplement par une raison d'intérêt : c'est uniquement parce qu'il trouve un excellent débouché

Marchands kabyles.

pour ses produits depuis l'occupation française. Le gouvernement des vainqueurs a fait preuve de haute sagesse en laissant aux Kabyles leur propre organisation politique, qui est ainsi composée [1] : chaque village est gouverné par une *djemâa* ou municipalité; la *djemâa* comprend un président, un ministre des finances et un certain nombre de conseillers, qui prennent part aux délibérations du président; les conseillers sont choisis parmi les *kharoubas* ou tribus; la tribu est formée des familles qui ont entre elles des liens de parenté et qui habitent le même village; la *kharouba* choisit elle-même dans son sein les membres les plus capables et les plus expérimentés pour représenter le reste de la tribu au conseil.

1. J'emprunte les détails suivants aux rapports des bureaux arabes du fort Napoléon et de Tizi-Ouzou, insérés dans l'*Itinéraire de l'Algérie*, par M. Louis Piesse.

Ces hommes ainsi élus, qu'on appelle *enquale* dans le langage des Kabyles, jouissent d'une grande considération, et rien ne se fait sans leur avis et leur coopération.

La *djemâa* se réunit une fois par semaine, le vendredi ordinairement, à moins d'affaires urgentes qui nécessitent des réunions plus fréquentes. En général, l'ordre règne dans ces assemblées, bien qu'elles soient assez bruyantes. Le Kabyle, rompu à la vie politique, manifeste un profond respect pour la loi et l'autorité. Les pouvoirs judiciaires de la *djemâa* sont réglés par un code appelé *Kanoun*, et dans l'administration de la justice jamais on ne s'écarte de ce code, ainsi que de l'*Ada*, ou recueil des coutumes du pays, ayant force de loi, même pour les moindres détails.

Nous passâmes ensuite par le village de Taourga, habité presque entièrement par les Kouglouglis, race mêlée, qui s'adonne surtout à l'industrie du cuir et à l'ornementation des articles de sellerie : on nous montra de jolis échantillons de leur travail. Tizi-Ouzou, où nous arrivâmes bientôt après, est une jolie petite ville, dont la forteresse turque, construite avec des ruines romaines, constitue aujourd'hui une des places fortes des Français. Lors de la dernière insurrection kabyle, ce lieu fut le théâtre d'un combat décisif.

Pendant qu'on changeait nos chevaux, nous allâmes

visiter la jolie petite église qui domine la ville, et où ce jour-là on avait l'exposition du très saint Sacrement. A partir de ce moment commença la plus belle partie de notre voyage. Après avoir traversé deux fois l'Oued-Sey-

Bordj (fort turc) à Tizi-Ouzou.

bouse (rivière des Lions), nous commençâmes la longue et pénible ascension du fort Napoléon. La route serpente dans une gorge richement boisée, au fond de laquelle un torrent roule ses eaux écumantes, et que dominent les cimes neigeuses de la Djurjura, dont les formes sont aussi belles et aussi variées que celles des Alpes à San-Moritz. A l'est s'étend la fertile vallée de la Seybouse, qui divise la Kabylie en deux parties; au loin, de Dellys à Bougie, on a une longue étendue de côte et la mer pour horizon; à l'ouest s'élèvent les pics déchirés de la Zouaoua, du haut desquels l'œil plonge sur des pentes vertigineuses et dans des gouffres béants, d'où monte le mugissement des torrents. Ce site grandiose est couronné par la chaîne magnifique de la Djurjura. J'ai parcouru beaucoup de pays de montagnes, mais j'avoue que je n'ai jamais rien vu de plus beau que les cols et les ravins de la Kabylie, et je ne m'étonne point que ces montagnards aiment si fort leur patrie. Leurs villages sont presque toujours perchés sur le point culminant d'une montagne isolée, comme en Italie, et pour la même raison, c'est-à-dire pour se mettre à l'abri des attaques imprévues de leurs voisins.

Berceau arabe.

Le fort Napoléon, aujourd'hui fort National, au cœur de la tribu guerrière des Beni-Iraten, occupe l'emplacement d'un marché célèbre, appelé Souk-el-Arba par les Kabyles. Il est situé sur un plateau, à 2400 pieds au-dessus du niveau de la mer; mais, comme il est dominé par les villages qui couronnent les hauteurs avoisinantes, les Français se verraient forcés de l'évacuer du moment que les Kabyles auraient des canons d'une longue portée. Ce fort couvre un terrain de douze arpents ; les murs d'enceinte, qui ont douze pieds de hauteur, sont flanqués de dix-sept bastions et n'ont que deux portes : celle d'Alger et celle de la Djurjura. On trouve dans l'intérieur une rue unique, bordée de maisons particulières ou plutôt de boutiques et de cafés, des casernes, une église et son presbytère, le couvent et les écoles des sœurs de la Doctrine chrétienne ; le quartier des officiers est sur la hauteur. On considère comme un grand tour de force la rapidité avec laquelle les soldats français ont construit la route carrossable qui va du fort à Tizi-Ouzou : malgré les difficultés qu'offrait le terrain presque perpendiculaire, qui les obligeait d'aller toujours en zigzag, elle fut terminée au bout de vingt jours ; mais quand il s'agit de bonnes routes, il faut reconnaître la supériorité incontestable des Français sur tous les autres peuples, et c'est à cette cause qu'il faut attribuer la célérité de leurs communications. Nous descendîmes dans une auberge tenue par des Alsaciens (de bien braves gens !), qui nous donnèrent des chambres fort convenables. Nous étions logées à deux pas de la porte d'Alger.

Le lendemain, j'eus un long entretien avec le bon curé de l'endroit sur la religion des Kabyles : il m'apprit qu'ils étaient mahométans pour la forme seulement, mais qu'en réalité ils n'avaient aucune croyance religieuse. Ce vénérable prêtre regardait les mesures prises par les autorités françaises comme le plus grand obstacle à la propagation du christianisme : actuellement il est défendu expressément de l'enseigner, de crainte d'exaspérer les indigènes ; cependant ils sont loin de s'y opposer, car plusieurs chefs, et en particulier un des plus influents parmi les Beni-Iraten, avaient fait demander aux « robes noires » de venir dans leurs villages pour les instruire, eux et leurs enfants ; mais le gouvernement s'opposa formellement à ce que des prêtres répondissent à cet appel. Ce qui donne aux missionnaires un très grand ascendant sur ce peuple, c'est qu'ils connaissent la médecine et qu'ils soignent constamment les malades indigènes. Les sœurs de la Doctrine chrétienne instruisent les garçons aussi bien que les filles dans les écoles du fort Napoléon ; les plus intelligents parmi les premiers sont envoyés au collège archiépiscopal. Ceux qui embrassent le catholicisme ont beaucoup à souffrir de la part de leurs compatriotes. M. le curé me désigna un jeune garçon qui avait été chassé de sa famille par sa propre mère, parce qu'il avait avoué qu'il avait été baptisé au nom de Jésus-Christ. Mais cette opposition cesserait très probablement le jour où les chefs viendraient à se convertir.

Dans l'après-midi, nous fîmes demander des chevaux au commandant de place, et nous partîmes pour le col de

Tivordat, magnifique excursion dont j'emprunte encore la description au correspondant du *Daily-News*.

« La route se dirige vers le nord, et, après avoir traversé la vallée, serpente tout le temps dans les montagnes, tantôt ouverte des deux côtés, tantôt taillée dans les rochers qui s'élèvent au-dessus de vos têtes; quelquefois aussi elle côtoie le bord d'un précipice, au fond duquel coule un petit ruisseau. A cet endroit, les cavaliers sont obligés d'aller à la file comme les Indiens : car, si un cheval se permettait quelques écarts, il roulerait probablement dans le gouffre avec celui qui le monte. Ce cas est heureusement fort rare : le cheval arabe a le pied aussi sûr que le mulet; il va partout et gravit les sentiers les plus difficiles. De temps à autre, la route ressemblait à un escalier en pierre, si raide, qu'un homme aurait été obligé de s'aider de ses pieds et de ses mains pour y monter; et cependant nos chevaux s'en acquittaient avec une facilité merveilleuse et sans qu'on eût besoin de les encourager; on n'avait qu'à se tenir à la crinière de sa monture, lui lâcher la bride, et l'intelligent animal choisissait lui-même avec une adresse étonnante où poser le pied. Malgré la stérilité apparente du sol, nous ne fûmes pas sans apercevoir des champs d'orge, des oliviers et des figuiers, ressources principales des Kabyles; des vignes sauvages étendaient leurs rameaux touffus partout où elles trouvaient un point d'appui. Nous traversâmes plusieurs villages, et nous en entrevîmes un plus grand nombre encore, toujours perchés sur le sommet des collines. »

A notre retour, nous nous arrêtâmes au village de Sha-retan. Comme j'étais en train de dessiner le paysage, le chef s'approcha de moi pour me prier de venir lui rendre visite. Son habitation était sombre et affreusement malpropre; pour tout ameublement, il y avait dans un coin de la cabane de ces énormes vases pour contenir l'eau et le blé. Partout où nous entrâmes, nous trouvâmes les femmes occupées à tisser l'étoffe blanche dont on fait les burnous, et cela sur des métiers si grossiers, que je me demandais avec étonnement comment ce tissu si fin et si propre pouvait sortir de ces appareils informes. Ces femmes, et surtout les enfants, me frappèrent par leur beauté remarquable, leurs grands yeux noirs rêveurs, leurs figures arabes, leur air mélancolique, leurs bras et leurs mains irréprochables. Mais ce qui les défigure aux yeux des Européens, c'est assurément le tatouage. Les signes distinctifs de leur tribu, soit une croix, soit une feuille de palmier, sont ainsi gravés sur leur front ou leur menton d'une manière ineffaçable. Les femmes kabyles ont la peau brune, et, contrairement à l'usage arabe, elles ont la figure découverte. Celles que nous

vîmes à Sharetan etaient surchargées de bijoux de fabrique indigène, dont quelques-uns étaient fort beaux et grossièrement incrustés de pierres précieuses et de corail; leurs haïks étaient retenus par des agrafes d'argent d'une forme originale et d'un travail remarquable, reliées par une chaînette; elles portaient deux ou trois paires de boucles d'oreilles les unes par-dessus les autres, et des

Femmes kabyles.

colliers et des bracelets à n'en plus finir. Leurs ustensiles de poterie, d'une nuance particulière de brun, attirèrent notre attention par leurs formes pittoresques et variées.

Nous étions invitées à dîner, ce jour-là, chez le colonel

Hersen (commandant de place). En arrivant, nous trouvâmes madame au désespoir. Son mari, nous dit-elle, avait tenu à venir au-devant de nous; il n'était pas encore de retour : elle craignait que les Kabyles ne lui eussent dressé quelque embûche; peut-être l'avaient-ils assassiné? Nous ne pouvions que compatir aux angoisses de notre hôtesse; heureusement qu'elles furent dissipées une heure après par l'arrivée du colonel en personne, qui s'était tout bonnement égaré dans les montagnes. Nous nous apitoyâmes de tout notre cœur sur cette pauvre petite Parisienne, jeune, jolie, sémillante, qui, au lendemain de son mariage, s'était trouvée transportée dans cette forteresse éloignée, sans société et sans distraction aucune; ajoutez à cela que son mari s'absentait souvent des journées entières pour son service, qui n'était pas sans danger. Il n'y avait que deux autres dames au fort Napoléon, et encore ne les voyait-elle pas; sa femme de chambre, qui périssait d'ennui, était partie et l'avait plantée là. Mme Hersen nous disait encore qu'elle aimait beaucoup la musique, mais que, vu la distance et les difficultés de cette route à pic, elle n'avait pu faire venir un piano; elle n'avait pas d'enfants et pouvait à peine se procurer quelques livres : impossible de concevoir une vie plus désagréable et plus monotone. Quant à la nourriture, le fort ne présentant que bien peu de ressources, on en était réduit à toujours manger les mêmes plats. En fait de domestiques, madame n'avait que les ordonnances de son mari, et encore les mieux stylés avaient dû suivre leurs régiments à la guerre, de sorte que sa position était bien la plus triste qu'on pût imaginer.

Le lendemain, nous fîmes une excursion à Aït-l'Hassen, village kabyle situé à trois lieues du fort Napoléon, au sommet d'une montagne, sur la rive gauche de l'Oued-Beni-Aïssi. Il est habité par la tribu des Beni-Yenné, qui jouissent d'une grande renommée pour leurs fabriques d'armes et de bijoux. Grâce à nos excellentes montures,

Collier et draperie arabes.

bien que la route fût mauvaise et très escarpée, nous franchîmes la distance en quatre heures de temps. Mary préféra aller à pied une bonne partie du chemin. En traversant la rivière, un de nos mulets perdit pied dans un endroit profond où le courant était très fort; heureusement que son cavalier en fut quitte pour un bain. Nous suivions des sentiers tortueux et presque inaccessibles, tantôt gravissant une montagne, tantôt descendant pour remonter encore. Nos bêtes se comportèrent admirablement et ne firent pas un faux pas, bien qu'on eût dit qu'on escaladait un mur perpendiculaire. Nous fîmes une halte pour déjeuner dans un joli bosquet d'oliviers presque aux portes d'Aït-l'Hassen, et nous découvrîmes que nous étions dans un cimetière des Beni-Yenni : les tombes étaient indiquées simplement par quelques pierres gisant çà et là sur le gazon. Nous étions à peine installées, que le cadi du village vint nous prier instamment de venir chez lui, où nous trouvâmes un festin splendide, préparé en notre honneur dans une pièce carrée, blanchie à la chaux et garnie de tapis. On nous servit d'énormes plats de l'universel « couscous », mélange d'agneau et de poulets cuits avec du riz et recouverts de graisse, sorte de pilau, en un mot, ainsi que de grandes cruches de lait caillé, breuvage favori des Kabyles. Heureusement nous pûmes nous excuser en disant que nous avions déjà mangé, et moi je leur annonçai que ma religion me défendait l'usage de la viande pendant le carême : cette dernière raison fut trouvée suffisante ; mais il nous fallut néanmoins avaler quelques bouchées de ce détestable couscous, pour ne pas froisser nos hôtes et pour faire honneur à leur hospitalité. Le scheik nous présenta ensuite à sa femme, accompagnée de sa sœur et de ses cousines. Quelques-unes d'entre elles étaient belles, mais horriblement fardées. Nous les priâmes en vain de nous vendre quelques-uns des bijoux dont elles étaient couvertes ; elles nous répondirent : « Si nous les vendions, nous n'appartiendrions plus à nos maris. » Elles nous montrèrent les broches rondes qu'elles reçoivent de leur seigneur et maître, quand elles donnent le jour à un garçon : il y en a de plates, ornées de corail et d'émail vert ; les autres ont un cercle de pierres en cabochon.

Ces pauvres femmes sont véritablement achetées : le prix ordinaire est de deux à trois cents francs, mais les jolies coûtent beaucoup plus cher. Elles font tous les ouvrages pénibles, portent l'eau et le bois, travaillent à la terre, font moudre le grain, et tissent les étoffes dont elles font leurs burnous et leurs haïks. C'est un vrai labeur que d'aller puiser de l'eau au fond des ravins profonds et de l'apporter jusqu'au sommet des montagnes qu'elles habitent : aussi, quand l'eau arrive, est-elle déjà saumâtre. On les marie à treize ou quatorze ans; le travail excessif et les mauvais traitements dont elles sont l'objet, en font de vieilles femmes à trente ans. Nous eûmes le regret de ne pouvoir trouver aucune fabrique de leur bijouterie bizarre et caractéristique, car il paraît que tous ces articles se font à domicile. Leurs boucles d'oreilles sont si massives, qu'elles sont obligées de les soutenir par un cercle de métal; les agrafes de leurs haïks sont d'une forme et d'un dessin charmants, mais personne ne voulait nous en céder, et quant à celles que nous achetâmes ensuite à Alger, dans le fameux magasin d'objets d'art et de curiosités de Dorez, bien que ces bijoux soient très jolis et aient un certain cachet, ils sont loin de valoir ceux que nous vîmes portés par les paysannes de la Kabylie. Il ne nous fut pas possible non plus de voir les femmes en train de fabriquer ces fameuses cruches que nous avions trouvées si originales, que nous aurions voulu les dessiner chacune séparément.

Pour revenir, nous prîmes un chemin plus court : nous traversâmes une rivière appelée Oued-Djema, et nous entrâmes dans un défilé charmant, tapissé de bruyères blanches, d'orchis rares, de lavande, de cistes blancs et lilas, de romarin et d'arbustes aromatiques ; puis nous passâmes par un bois d'oliviers en montant pendant une heure, et nous arrivâmes auprès d'une fontaine pittoresque, ombragée de chênes-lièges, autour de laquelle un essaim de jeunes filles employées à la cueillette des olives étaient occupées en ce moment à abreuver leurs mules : l'une d'elles, âgée de quinze ans, avait le plus beau visage que j'aie jamais vu ; cette enfant paraissait ne pas ignorer qu'elle était belle, et ses compagnes avaient l'air de la traiter avec une déférence marquée. Nous suivîmes ensuite une belle route récemment construite par les Français, et nous reprîmes au galop la direction du fort Napoléon, tout en admirant le soleil couchant, qui illuminait les cimes de la Djurjura de ces teintes magiques dont ceux-là seuls qui ont été en Afrique peuvent se faire une idée.

Nous avions entamé une conversation avec notre petit guide kabyle pour nous distraire. Nous l'avions pris pour un enfant ; mais il nous apprit d'un ton sérieux qu'il était propriétaire d'un des mulets de la cavalcade, qu'il était bel et bien marié, et qu'il avait quinze ans ; et là-dessus il se mit à nous faire le récit des concerts, festins, etc., qui avaient eu lieu à l'occasion de son mariage. Ce jeune homme avait été instruit dans une école récemment fondée par le gouvernement français au fort Napoléon, et dans laquelle on enseigne toutes sortes de métiers. Le colonel Hersen rend témoignage à l'intelligence et aux moyens des enfants kabyles. Il est fort regrettable, me disait-il, que l'école ne puisse admettre que deux cents élèves, car il y avait plus de quatre cents demandes d'admission.

Le lendemain, il fallut prendre congé de nos bons amis le colonel et son épouse ; et, après un trajet de treize heures, nous rentrions à Alger, ravies au plus haut degré de notre excursion. Mais, avant d'en finir avec la Kabylie et ses habitants, je vais donner un extrait tiré d'un manuscrit inédit de M. le comte Ernest de Stackelberg : ce travail, fait en 1847, contient des détails très précis et très complets sur ce peuple étrange.

« Les Berbères ou Kabyles sont le résultat d'un mélange des aborigènes (qui étaient des émigrés d'origine chananéenne) avec le peuple qui leur succéda dans la domination de l'Algérie, et principalement des Vandales, qui eurent la prépondérance de 438 à 534. Lors de la grande invasion des Arabes, les Berbères se retirèrent au sein de leurs montagnes, et, bien que musulmans de nom, réussirent à conserver leur indépendance. C'est surtout à cette cause qu'il faut attribuer la haine qui a toujours existé entre eux et les Arabes. Jamais ils ne se soumirent aux Turcs, qu'ils contraignirent même à leur payer un tribut, lorsque ceux-ci traversaient leur territoire pour aller rançonner les Arabes. Il paraîtrait cependant qu'ils ont dû plier plus ou moins sous le joug romain, puisqu'on retrouve dans leurs vallées les plus retirées et les plus inaccessibles des ruines qui attestent la présence de ce peuple puissant et célèbre.

« Les Kabyles sont laborieux, bons agriculteurs, excellents tisserands ; ils fabriquent surtout de la toile et des étoffes de laine ; ils mènent une vie sédentaire ; leurs villages ont un air d'aisance ; leurs habitations sont recouvertes de toitures et badigeonnées ; quand ils manquent le travail chez eux, ils vont en chercher dans les villes, car leur soif de l'or est égale à celle des Arabes ; mais leur

Voie ferrée dans les montagnes de l'Atlas.

haine des étrangers les rappelle bientôt dans leurs montagnes. Leur langue est tout à fait différente de celle des Arabes. Ils ne reconnaissent pas d'aristocratie parmi eux;

Marchands kabyles.

leur forme de gouvernement est démocratique : les chefs mêmes des tribus ont peu d'influence; d'autre part, celle des marabouts est toute-puissante.

« Les Kabyles sont répandus dans les trois provinces de l'Algérie. Ceux de l'Atlas et des environs de Blidah (les Beni-Moussa, les Mouzaïa, etc.), sont maintenant soumis à la France. Les portions les plus importantes de cette race habitent la province d'Alger. En plus d'une occasion, ils ont même consenti à être tributaires des Turcs; ils occupent à l'ouest le territoire compris entre le Chéliff et la mer, et à l'est la Grande-Kabylie, qui forme un triangle dont la pointe est à Sétif et la base sur la côte entre Dellys et Collo. C'est dans la plaine du Chéliff qu'eut lieu cette lutte acharnée entre les Français et ce peuple indomptable; c'est là qu'on eut recours aux moyens les plus barbares, qu'on les enferma dans des cavernes jusqu'à ce que, poursuivis, traqués, appauvris, les Kabyles se rendissent, tout en conservant dans leurs cœurs une haine éternelle pour leurs vainqueurs, haine que les événements postérieurs ne purent que développer.

« Quant à la Grande-Kabylie, elle demeure en grande partie une *terre inconnue* aux Français, qui hésitent avant d'entreprendre une campagne sérieuse dans cette région, qui leur est peu familière.

« Il est juste d'ajouter que le Kabyle n'est point du tout agressif ; il ne se bat que pour défendre son territoire, et n'interviendrait nullement pour empêcher l'agrandissement de la domination française sur ses frontières. Leur attitude peut paraître hostile ; mais c'est l'hostilité d'un peuple neutre, qui se tient simplement sur la défensive. Tout ce que je viens de dire s'applique aussi aux Kabyles proprement dits, qui habitent le Tell de l'Algérie. Au sud de la province de Constantine et sur la lisière du désert, on rencontre une tribu nomade et pastorale, qui accuse de grands traits de ressemblance avec les Arabes : ce sont les Chaouyas, qui sont néanmoins d'origine berbère, et qui parlent la langue kabyle, sauf quelques variantes. Moins heureux que leurs frères des montagnes, ces Kabyles-là, établis dans la plaine, n'ont pu conserver leur indépendance ; ils ne sont ni belliqueux ni riches, et sont devenus tributaires des Français.

« Restent les Biskris (autre tribu kabyle), qui habitent, comme leur nom l'indique assez, Biskra et certaines régions du désert, à l'ombre des palmiers-dattiers qui croissent dans les fertiles oasis que l'on rencontre sur les confins du Sahara. Mais cette vie nomade les a tellement changés, qu'on ne saurait les distinguer des Arabes, si ce n'est à leur peau plus noire, qu'ils doivent à leurs unions fréquentes avec les nègres de l'Afrique centrale. Il n'est pas rare de rencontrer des Biskris dans les grandes villes, où ils exercent les métiers de portefaix et de porteurs d'eau; mais le désert est leur patrie, et leur cœur reste kabyle jusqu'à la racine. »

CHAPITRE SIXIÈME

CONSTANTINE

VI

CONSTANTINE

oN horreur de la mer m'avait fait espérer que je ne m'embarquerais plus sur l'élément perfide, sauf pour revenir en Europe : je me proposais donc de me rendre à Constantine soit par les montagnes au delà du fort Napoléon, soit par Aumale et en prenant la diligence à Sétif. Mais l'insurrection couvait déjà; plusieurs escarmouches avaient eu lieu à Sétif et dans les environs; notre excellent ami, l'amiral du Port, avait reçu des nouvelles si peu rassurantes de l'état du pays et des dangers que couraient les voyageurs sur ces routes peu fréquentées, que je n'osai pas exposer Mary au risque de tomber entre les mains des Kabyles. Je retins donc des places (bien à contre-cœur) sur *le Hermès*, dont le capitaine, officier très distingué, était grand ami de l'amiral Fabre la Maurelle. Je n'appris que trop tard, hélas! que ce bâtiment était surnommé *le Grand-Rouleur* parmi les steamers de cabotage des Messageries impériales, et il méritait bien cette dénomination, car il canardait même par un calme plat.

Pas plus tôt embarquée, je retrouvai ma mauvaise chance. L'amiral nous avait aimablement conduites dans sa belle chaloupe, et le télégraphe de l'amirauté avait donné depuis longtemps le signal du départ, que nous étions encore ballottés dans la rade. Enfin le capitaine vint m'avertir que, vu le mauvais temps, il lui serait impossible de sortir du port ce jour-là : il nous conseillait donc de retourner sur la terre ferme; ce que nous fîmes d'assez mauvaise grâce, et ce fut pour trouver notre charmant appartement déjà pris par une famille nouvellement arrivée. Nous nous réfugiâmes au restaurant avec nos bagages, et nous y déjeunâmes tristement, trop maussades pour retourner chez les amis dont nous venions de prendre congé, et maudissant la mer plus que jamais de tout notre cœur. Je me consolai en assistant à une réunion des « mères chrétiennes » dans l'église des jésuites, où un père très éloquent leur prêchait une retraite. Vers le soir nous nous rembarquâmes par une mer fort mauvaise, et cette fois nous pûmes lever l'ancre à quatre heures du matin. Je fais grâce à mes lecteurs du récit de nos souffrances dans cette prison flottante, et cela pendant plusieurs jours. Tout le monde avait le mal de mer; et même quand la tempête s'apaisa, la houle ne fit qu'augmenter notre malaise. Un vent contraire fut cause que nous n'arrivâmes à Dellys que le dimanche, à onze heures du matin.

Pendant que *le Grand-Rouleur* faisait un chargement, je descendis en toute hâte pour aller à la messe. Les sœurs de la Doctrine chrétienne ont un fort bel établissement dans cette ville, et y sont aimées de tout le monde. Dellys est une ville très animée, construite sur l'emplacement d'une cité romaine. On cultive, dans les jardins suspendus et les vignobles qui la dominent, une qualité de raisin blanc très estimée en Algérie. Sur une éminence s'élève la belle « koubba » de quelque musulman mort en odeur de sainteté. On nous parla aussi des anciens réservoirs romains comme d'une chose remarquable; mais le temps nous manqua pour aller les visiter.

Nous fîmes ensuite escale à Bougie, belle ville antique, assise au bord du golfe du même nom et à l'ombre du mont Gouraïa, qui s'élève à plus de 2,000 pieds au-dessus du niveau de la mer. A l'est s'avance le cap Carbon, masse énorme de rochers rougeâtres, dont l'un, semblable à un pain de sucre gigantesque, que l'on dirait détaché du promontoire et creusé par les vagues, forme une voûte naturelle, sous laquelle les pêcheurs abritent leurs embarcations. La tradition rapporte que ce fut dans cette caverne que le célèbre Raymond Lulle se cacha lorsqu'il vint en

Ancien village abandonné

Afrique au treizième siècle, pour travailler à la conversion des mahométans [1]. Il avait eu du succès à Bone et le

---

1. Raymond Lulle est peut-être la figure la plus extraordinaire qu'ait produite le treizième siècle. Il naquit à Palma, en 1235, d'une famille noble, et fut élevé à la cour de Jacques Ier d'Aragon, où il se signala par les désordres de sa vie. Après un pèlerinage à Saint-Jacques de Compostelle, il se convertit,

long de la côte : son air vénérable et son ardeur lui avaient valu le respect des habitants; mais lorsqu'il arriva à Bougie, les musulmans s'élevèrent contre lui et le lapidèrent. Raymond Lulle, meurtri et tout couvert de blessures, se traîna dans cette grotte pour y chercher un refuge. Il y fut découvert par des marins génois, qui le prirent à bord; mais il ne survécut pas longtemps à ses blessures : en arrivant devant l'île de Majorque, sa patrie, il expira sur le pont du vaisseau génois.

Tout près de la jetée.

Tout près de la jetée se voient les ruines d'un fort bâti jadis par les Sarrasins. Nous fûmes enchantées de pouvoir enfin descendre à terre, afin de nous promener. Au haut d'une rue très raide, nous trouvâmes des Arabes assis en silence à l'ombre d'un palmier magnifique. En montant,

---

quitta sa femme et ses enfants après avoir pourvu à leurs besoins, et prit l'habit de Saint-François. Dès lors il s'adonna avec ardeur à l'étude de la théologie et de la philosophie, et consacra sa vie à travailler à la conversion des musulmans. Il fut martyrisé en 1315. Son corps fut enseveli dans la cathédrale de Palma, où ses compatriotes le vénèrent comme un saint.

(Note du traducteur.)

montant toujours plus loin que l'église, nous arrivâmes à l'antique Kasbah construite par Pierre de Navarre [1], en 1509. Bien que les tours de cette superbe forteresse aient beaucoup souffert dans les nombreux sièges qu'elle a subis, c'est encore aujourd'hui un édifice majestueux, d'où l'on jouit d'un coup d'œil splendide sur la ville et le golfe. Derrière la Kasbah et jusqu'au pied des montagnes s'étend une forêt considérable, où l'on peut faire de charmantes promenades à pied ou à cheval. Malheureusement, le jour qui déclinait rapidement nous empêcha de pousser plus loin notre voyage de découverte.

Bougie fut fondée par l'empereur Auguste, trente-trois ans avant J.-C. Huit ans après, il donna cette province à Juba II, roi de Mauritanie, en échange de certains États

---

1. Pierre Navarre, ou de Navarre, fut le premier capitaine de son siècle pour la guerre des sièges et des fortifications. Sa vie n'est qu'un tissu d'aventures extraordinaires. Il se distingua d'abord dans la guerre de Grenade par les Espagnols. Gonzalve de Cordoue l'envoya ensuite à la conquête de Naples; puis il fut placé à la tête de l'expédition du cardinal Ximenès contre les Maures d'Afrique. Pierre fut vainqueur à Oran, Bougie et Tripoli. Il combattit en Italie, fut fait prisonnier à la bataille de Ravenne (1512), et passa deux ans captif en France. Indigné de ce que son roi, Ferdinand le Catholique, refusait de payer sa rançon, il offrit ses services à François Ier, se distingua à Marignan, fut de nouveau fait prisonnier au siège de Gênes, et rendu à la liberté par le traité de Madrid. Il prit encore part à d'autres expéditions guerrières, et mourut à Naples en 1528.

Voir la *Biographie universelle* de MICHAUD. (*Note du traducteur.*)

qu'il avait incorporés à l'empire romain. De nombreuses inscriptions confirment ce fait. Bougie tomba ensuite en-

Type arabe.

tre les mains des Vandales, qui en firent leur capitale jusqu'à la prise de Carthage. Son nom ancien était Saldæ. C'était aussi le siège d'un évêché. En 484, un de ses évêques les plus célèbres assista au concile de Carthage convoqué par Hunéric. Saldæ passa ensuite sous la domination de souverains mahométans, et fut enfin conquise par les Espagnols, qui en firent un grand entrepôt de commerce pour le blé, la laine, le cuir, surtout la cire, d'où lui est venu son nom actuel de Bougie.

En remontant sur *le Hermès*, nous nous trouvâmes en compagnie de cent cinquante Arabes, qui se pelotonnèrent sur le pont de toutes les façons possibles : car on ne pouvait se tenir debout, tant la houle était violente.

Le Grand-Rouleur prit une autre cargaison à Djidjelli. Cette ville, bâtie sur une presqu'île de rochers reliée par un isthme étroit à la terre ferme, a passé par les mêmes vicissitudes historiques que Bougie, sa voisine. Ses olives sont très renommées : leur supériorité tient probablement à ce que les oliviers de Djidjelli sont greffés avec plus de soin que dans tout le reste de l'Algérie. Ici l'on embarqua un corps de deux cents soldats à destination de Collo. Ils nous donnèrent des détails très inquiétants du soulèvement général des Kabyles de Sétif, et paraissaient croire qu'ils auraient bientôt force besogne, prédiction qui ne tarda pas à se réaliser. L'intendant d'un riche colon français, qui se rendait à Constantine pour acheter du bétail, me confirma dans l'opinion que je m'étais formée touchant les difficultés de la question ouvrière ; et cet homme, qui était fort intelligent, me dit qu'il

La côte présente un aspect pittoresque.

fondait ses espérances sur les émigrations alsaciennes, plutôt que sur des émigrés anglais ou d'autres nationalités. Ainsi que tous ceux avec lesquels je m'étais déjà entretenue sur ce sujet, il ne cessait de répéter : « Il ne nous manque que des bras. »

Nous eûmes la déception de ne pouvoir débarquer à Collo, comme nous l'avions espéré, parce que la mer était trop mauvaise. La côte présente un aspect pittoresque, avec de belles montagnes sur l'arrière-plan, dont l'une est richement boisée et de forme conique. On remarque aussi un rocher rougeâtre perpendiculaire, arrondi au sommet, d'une hauteur de 180 pieds, complètement isolé, semblable à un îlot. Il était couvert d'une variété infinie d'oiseaux de mer, perchés par centaines sur les saillies et nichés dans tous les creux du rocher. Cet endroit me rappela l'île de Handa, sur les côtes du Sutherlandshire[1], où j'avais souvent contemplé des myriades de ces oiseaux, qui ont creusé toute la surface des falaises aussi régulièrement que les cellules d'un rayon de miel, afin d'y faire leurs nids. Plusieurs autres îles rocheuses bordent cette plage jusqu'au phare de Stora, où nous quittâmes avec bonheur *le Grand-Rouleur*, pour débarquer dans un petit bateau par une pluie battante. Nos bagages devaient nous suivre à Philippeville. A Stora, nous louâmes une petite voiture pour nous rendre à ce port, à deux lieues de distance environ. La route qui y conduit est charmante : on a la mer d'un côté, et de l'autre des ravins et des montagnes boisées.

Bijou de Constantine.

Notre arrivée à Philippeville se fit sous de tristes auspices : tous les hôtels étaient au grand complet. Enfin, l'obligeante hôtesse de *l'Orient* nous casa dans deux petites chambres au troisième, dont nous nous contentâmes pour

1. Province d'Écosse, bornée à l'est par la mer du Nord, renommée pour ses montagnes et ses forêts giboyeuses, ses lacs et ses fleuves, où l'on pêche d'excellents saumons. (*Note du traducteur.*)

une nuit. Le gouvernement français a dépensé 1 500 000 francs pour créer un bon port à Philippeville, et il n'y a pas encore réussi, parce que les tempêtes de cette région sont presque aussi terribles que les cyclones des mers indiennes, et l'on a calculé que chaque année la mer engloutit dans des naufrages multipliés pour près de deux millions de francs.

Une Sœur de la Doctrine chrétienne.

Le seul établissement digne d'intérêt de la ville moderne est assurément celui des sœurs de la Doctrine chrétienne, qui est très considérable : elles sont vingt-sept religieuses pour instruire plus d'un millier d'enfants. Les *rouges* ne les ont point molestées, et se sont contentés de griffonner en gros caractères sur leurs portes : LIBERTÉ, ÉGALITÉ, FRATERNITÉ. Du haut des remparts qui dominent la ville, on jouit d'un fort beau point de vue sur la baie et l'île de Srigina. Nous n'étions pas encore assez remises des suites de notre mauvaise traversée pour visiter le musée et les réservoirs romains, qui passent pour être fort remarquables. Philippeville, l'antique Rusicade, est honorablement mentionnée dans l'histoire ecclésiastique comme étant le siège d'un évêché important. Vérulus, un de ses évêques, qui assista, en 260, au concile de Carthage, fut assassiné par les schismatiques, et Faustinius, un siècle plus tard, confessa aussi la foi pour laquelle son prédécesseur avait répandu son sang; il contribua puissamment à la condamnation de l'hérésie des donatistes et à sa suppression dans l'Afrique septentrionale. On peut dire que toute l'histoire de l'Église d'Afrique n'est qu'une longue suite de luttes et de sanglantes persécutions.

Dans l'après-midi, nous prîmes le train de Constantine, et nous y arrivâmes après un trajet de six heures. Nous eûmes le plaisir d'apprendre que nous venions de voyager sur la voie ferrée la plus dangereuse qu'il y ait au monde, laquelle enregistre des accidents presque journaliers. Ce chemin de fer, récemment construit, serpente en effet de la manière la plus excentrique au milieu des montagnes par une série de zigzags et de courbes effrayantes (on dirait une route carrossable tracée dans quelque gorge alpestre), jusqu'à ce qu'on arrive à la limite des neiges; puis on redescend par une pente très douce dans la vallée, et l'on aperçoit un riant village caché dans des vergers et des bosquets de palmiers, lequel est une station thermale très en vogue parmi les habitants de Constantine. On raconte qu'il n'est pas rare de rencontrer des lions dans cette partie du pays; mais il ne nous fut pas donné d'en apercevoir un seul.

Je n'ai jamais vu aucune ville dont le site soit aussi grandiose que celui de Constantine, et mon admiration ne faisait que croître de jour en jour : elle est bâtie sur un plateau élevé en forme de presqu'île, baignée de trois côtés par les eaux tumultueuses du Rummel, qui coule à 1000 pieds de profondeur et se déverse au midi par une série de cascades. Il n'y a qu'un seul endroit par

Prise de Constantine par Lamoricière.

où la ville soit accessible : la nature a jeté un pont sur l'abîme, hérissé de roches aiguës, à une hauteur qui vous donne le vertige. On traverse la rivière sur un pont appelé El-Kantra, qui relie la presqu'île à la terre ferme. Il paraît vraiment incroyable que les Français aient pu s'emparer d'une place que l'art et la nature avaient rendue inexpugnable[1].

Constantine, comme Alger, se partage en deux villes distinctes ; inutile d'ajouter que c'est le quartier arabe qui est le plus intéressant, et qu'il a un cachet tout particulier. Les rues sont fort étroites, avec des contreforts en saillie, qui s'élargissent et se touchent presque par le haut. La population indigène est d'environ 30 000 âmes. Constantine est en outre le grand entrepôt du commerce de tous les Arabes de l'intérieur du pays. Ainsi que dans la plupart des villes orientales, chaque corps de métier habite

---

1. On trouvera des détails fort intéressants sur la prise de Constantine dans le *Journal d'un sous-officier du génie*, publié par le *Magasin pittoresque*, t. VI. Les Kabyles des environs de Bougie, dit-il, appelés à la *guerre sainte*, volèrent au secours de la ville assiégée, et les habitants de Constantine déployèrent un courage d'autant plus opiniâtre, qu'ils considéraient leur cité comme imprenable. Les vieillards, les femmes, les enfants, furent tous obligés de concourir à la défense de la place. Les assiégeants eurent en outre à lutter contre les éléments, qui semblaient s'être déchaînés contre eux : ils essuyèrent des tempêtes effroyables ainsi que des pluies diluviennes, et trouvèrent dans les tranchées « les boues de la Pologne et les frimas de la Russie ». Enfin, le 13 octobre 1837, la première colonne d'assaut, commandée par Lamoricière, pénétrait par la brèche dans la ville et l'enlevait sans difficulté, aux cris de « Vive la France ! »

Il nous est doux de contempler dans le héros de cette journée celui qui devait mettre plus tard sa vaillante épée au service de la plus noble des causes, celle de l'Église trahie et persécutée, et de saluer en lui le glorieux vaincu de Castelfidardo, l'héroïque défenseur d'Ancône, le vaillant soldat du Christ et l'une des gloires militaires les plus pures de la France.

(*Note du traducteur.*)

un quartier à part: il y a celui des cordonniers, celui des corroyeurs (industrie principale de l'endroit), ceux des bijoutiers, des bouchers, des boulangers, etc., etc. Dans ces ruelles étroites et tortueuses, dans ces petites échoppes

Le général Lamoricière.

obscures, sont entassés des trésors incalculables d'or et d'argent, de riches étoffes, des armes, des selles et des caparaçons de toute espèce. Ce n'est toutefois qu'après avoir avalé une tasse de café et tenu de longs préambules qu'on parvient à engager les marchands, accroupis nonchalamment au milieu de leurs marchandises séduisantes, à se donner la peine de vous montrer et de vous vendre quelque chose : la vente de ces objets leur paraît chose tout à fait indifférente, et l'on est obligé de fouiller et de chercher soi-même ce dont on a besoin. Je ne saurais dire combien ces rues marchandes (dont quelques-unes sont complètement couvertes, comme au Caire) m'attiraient et m'intéressaient : aussi ne manquai-je pas d'y retourner plus d'une fois avant notre départ.

Nous trouvâmes d'excellents appartements et la meilleure table d'hôte de toute l'Algérie à l'*hôtel d'Orient*, ce qui n'est pas peu dire dans un pays où elles sont toutes bonnes.

Nous allâmes d'abord visiter la cathédrale, anciennement la mosquée de Souk-en-Rezel, dont il reste des colonnes de marbre, des « azulejos », des arabesques, et la chaire ou « nimbar », admirablement sculptée. Le vénérable Mgr Las Casas venait de donner sa démission d'évêque de Constantine, pour cause de santé, et son successeur n'avait point encore été nommé. L'infortuné prélat avait entrepris des œuvres considérables, comptant sur les promesses de l'empereur et de l'impératrice. Lorsque arriva la chute de l'empire, toutes ses espérances furent anéanties. Des difficultés financières survinrent naturellement, qui déterminèrent une fièvre cérébrale. Les médecins appelés déclarèrent que la seule chance de salut qui restait à Mgr Las Casas, était de résigner ses fonctions épiscopales.

On nous avait donné des lettres d'introduction pour le préfet de Constantine, qui voulut fort aimablement nous conduire aux cascades, la plus belle excursion des environs. Ce fonctionnaire était né à Palerme, de sorte que nous eûmes le plaisir de nous entretenir avec lui de son beau pays de Sicile. Après avoir traversé la petite place encombrée de mulets et de chameaux, et passé par la porte Bab-el-Oued ou de la vallée, on arrive au grand marché indigène,

Marché indigène.

qui se tient dans un enclos en dehors de l'entrée principale de la ville, puis à un jardin public, que l'on a embelli de statues et de colonnes antiques, enlevées au musée. On tourne brusquement à droite pour descendre par un sentier escarpé, qui conduit à des moulins à farine et à une source thermale située à l'ouverture de la gorge sauvage du Rummel. Au-dessous s'élève le rocher gigantesque de Sidi-Rached, qui forme la pointe septentrionale de la ville près de la Kasbah : c'est la roche tarpéienne de Constantine, du haut de laquelle les beys faisaient précipiter les criminels, et surtout leurs femmes, lorsqu'ils les soupçonnaient d'infidélité. Un sentier tortueux frayé sous ce rocher vous amène bientôt à une suite de magnifiques cascades, sur lesquelles la nature a jeté une arche de dimensions colossales, à une hauteur si prodigieuse, que l'œil se fatigue à la regarder seulement un instant. Les eaux du Rummel font ici trois chutes successives, puis disparaissent et se perdent sous la montagne, pour reparaître un peu plus loin. Heureusement pour nous, la rivière était presque à sec, de sorte que nous pûmes gravir le lit du torrent et voir dans la perfection non seulement ce premier pont naturel qui relie la Kasbah à Sidi-Mecid, mais encore trois autres arches jetées sur le ravin. Les roches environnantes étaient criblées de trous, servant de nids à d'innombrables corneilles, cigognes et autres oiseaux, qui voltigeaient sur nos têtes, semblables à des points dans l'espace, tandis que nous nous considérions comme des pygmées au milieu de ce spectacle grandiose.

Dans les petites mares laissées par les eaux en se retirant, des Arabes étaient occupés à préparer des peaux ou à laver leurs vêtements. A droite, sur une roche perpendiculaire,

C'est la roche tarpéienne de Constantine.

on peut lire une inscription latine, qui rapporte le martyre de Marino, de Jacob et de leurs compagnons. Ces chrétiens, qui exerçaient l'humble profession de jardiniers, après avoir souffert des tortures inouïes, moururent courageusement, pour l'amour de Jésus-Christ, à Cirta (l'ancien nom de Constantine), l'an 259. M. Cherbonneau est très désireux qu'on construise une chapelle à cet endroit, et écrit à ce sujet : « Ne serait-il pas convenable de prouver

Zouave donnant la soupe.

ainsi aux indigènes que la religion du Christ régnait à Constantine avant celle de Mahomet, et de leur montrer que nous avons autant de respect et de dévotion pour nos saints qu'ils en ont pour leurs marabouts? »

Après avoir contemplé quelque temps ce ravin pittoresque, M. le préfet nous conduisit dans une délicieuse vallée par des bosquets d'orangers et de citronniers, jusqu'à un endroit d'où l'on a un très beau point de vue sur les cascades. Les chasseurs d'Afrique ont construit sur la hauteur un joli chalet. Rien n'est plus frappant que le contraste entre la gorge sauvage que nous venions de quitter et ce riant vallon, parsemé de vergers et de jardins, au fond duquel coule silencieusement un affluent du Rummel, à l'ombre de pêchers et d'amandiers en pleine fleur.

Il nous fallut remonter la côte pour rentrer en ville. Nous fîmes un détour à gauche pour voir les cimetières français et arabe, entourés de haies de cactus et d'aloès fort bien tenues. Des fenêtres de notre hôtel il nous arrivait fréquemment de suivre des yeux les longs convois funèbres des Arabes, qui sortaient par la porte Bab-el-Oued. Ici on ne cloue pas les morts dans des cercueils; on les dépose sur des civières recouvertes de drap vert plus ou moins richement brodé, selon le rang du défunt, et on les porte en terre en chantant tout bas d'une voix monotone.

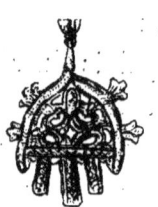

En quittant les cimetières, la voiture nous conduisit près du confluent du Rummel et du Bou-Merzoug, puis à un aqueduc romain dont il reste des portions parfaitement conservées : on y admire encore cinq arches sphériques, qui mesurent plus de soixante pieds de hauteur. Il alimentait autrefois les fontaines de la ville de l'eau des montagnes environnantes. Vue de cet endroit, Constantine, avec ses tanneries nombreuses et ses ruches d'abeilles en terre de forme sphérique, présente un coup d'œil vraiment extraordinaire. Ce n'est point à tort que les Arabes l'ont surnommée « Belad-el-Hamoua », la cité de l'air. Sa position a quelque analogie avec celle de Ronda [1] : on la dirait suspendue au sommet de ces collines escarpées, qui la rendent inaccessible, sauf du côté de l'est. Les parois du ravin sont formées d'énormes roches calcaires perpendiculaires, et les cigognes au vol lourd, qui descendent lentement des remparts pour pêcher dans le torrent, sont les seules créatures vivantes qui osent s'approcher de l'abîme.

Dans l'après-midi, le colonel Cervelle (officier d'état-major du général), dont nous avions connu la famille à Alger, vint aimablement nous proposer de nous faire voir la ville, ce que nous acceptâmes avec empressement. Il nous mena d'abord sur la place derrière la cathédrale, pour nous montrer le bureau arabe (dont j'aurai occasion de parler plus loin) et le palais du roi, qui sert aujourd'hui de quartier général au commandant de place. C'est un édifice mauresque, qui rappelle les récits des *Mille et une Nuits*. Il est surtout remarquable par ses trois quadrangles plantés de beaux jardins et entourés de balcons peints des plus vives couleurs, d'où l'œil plonge sur des massifs d'oran-

---

[1]. Jolie et forte ville d'Andalousie. Après avoir subi un siège fort intéressant, elle fut reprise sur les Maures en 1485 par Ferdinand et Isabelle, lorsque les Espagnols firent la conquête du royaume arabe de Grenade.
(*Note du traducteur.*)

gers, de citronniers et de fleurs rares. Les fresques des galeries ne manquent pas d'une certaine originalité :

Mosquée Salabey, à Constantine.

elles représentent des batailles navales; les vaisseaux et les bateaux sont tout à fait grotesques, et les canons beaucoup plus gros que les bâtiments de guerre; mais ce qu'il y a de plus joli, c'est que l'artiste musulman, s'étant scrupuleusement conformé à la loi de Mahomet, qui défend la représentation de la figure humaine, les canons sont censés partir tout seuls !

Le musée renferme une collection intéressante de poteries antiques, d'armes, de bijoux et de médailles. Nous y admirâmes surtout une belle statue en bronze d'une Victoire ailée, de vingt-trois pouces de hauteur, découverte sous l'ancienne Kasbah pendant les fouilles de 1858. On y voit aussi des échantillons des minéraux et des divers produits de la province de Constantine, entre autres une espèce de sel qui ressemble à de l'albâtre jaune foncé. Le chiaux[1] du préfet m'en procura un morceau, et m'apprit que l'on trouve cette substance à Mélah, village des environs, sur la route de Sétif, et qu'on la tire d'un rocher appelé Radgusie; mais il nous fut impossible de découvrir si on se sert de ce sel dans quelque industrie.

1. *Chiaux*, sorte de commissionnaire ou de messager dans l'Orient.
(*Note du traducteur.*)

CHAPITRE SEPTIÈME

BATNA, LAMBESSA
ET AUTRES VILLES DE LA PROVINCE DE CONSTANTINE

TOUAREG

VII

BATNA, LAMBESSA

L faisait un clair de lune magnifique lorsque nous quittâmes notre appartement confortable de l'*hôtel d'Orient* pour grimper dans le coupé de la diligence qui devait nous conduire à Batna. Ce trajet de douze heures se fait toujours la nuit, ce qui est peu agréable pour les touristes, mais cela épargne beaucoup de temps. La route, du reste, n'offre rien d'intéressant, sauf quelques ruines romaines, situées entre deux grands lacs salés, sur les eaux desquels nageaient des oies et des canards sauvages. A gauche, on aperçoit un autre de ces mausolées pareils au « tombeau de la Chrétienne », sur lequel les savants ne sont pas d'accord, bien que l'opinion générale en fasse le sépulcre de Massinissa[1]. On appelle celui-ci le « Medràsen ». On dirait une suite de cylindres qui vont en diminuant jusqu'au faîte du monument. Je ne fis du reste que l'entrevoir au clair de la lune. A sept heures du matin nous arrivâmes à Batna, petit village fort laid et d'un aspect triste. Les rues sont à angle droit, l'église n'est pas belle, l'auberge est mauvaise : en un mot, c'est un séjour peu attrayant.

Nous nous décidâmes cependant à nous y arrêter deux ou trois jours, afin de pouvoir visiter la forêt des Cèdres, qui ressemble à celle de Teniet-el-Had, et aussi pour faire une excursion aux ruines romaines de Lambessa. Nous partîmes donc un matin, dans un petit omnibus, seul véhicule de l'endroit. La route que nous suivîmes était d'une monotonie désespérante ; mais nous fûmes amplement dédommagées lorsque enfin nous aperçûmes ces ruines imposantes. Pompéi fut ensevelie subitement sous les cendres du Vésuve, qui surprirent ses habitants au milieu de leurs

---

[1]. Roi de Numidie, qui combattit avec les Romains contre Annibal et continua la guerre contre Carthage. Il mourut l'an 149 avant Jésus-Christ.
(*Note du traducteur.*)

occupations journalières; Lambessa est une ville qu'on dirait avoir été abandonnée subitement par toute sa population : ses édifices sont tous là debout, au milieu d'une vaste plaine solitaire; la main seule du temps a usé ses pierres de tuf rouge et ses piliers de granit. A gauche de

L'Arabe au désert. — La prière de midi.

l'ancienne voie romaine, s'élève le prétorium [1], construit avec ce même tuf d'un brun rougeâtre dont est fait le tombeau de Cécilia Métella [2]; un perron flanqué de belles colonnes conduit à ce palais, qui a été transformé en musée et qui renferme des statues, des sarcophages, des colonnes de marbre et d'albâtre. Les piliers extérieurs se composent de trois blocs énormes de pierres sphériques, qu'aucun ciment ne relie. Un peu plus loin, l'œil s'arrête sur deux magnifiques arcs de triomphe, qui formaient jadis une des quarante portes mentionnées par les an-

1. Palais de justice, où siégeaint le préteur et d'autres magistrats chez les Romains. (*Note du traducteur.*)
2. Cécilia Métella, fille du consul L. Métellus, épousa, dit-on, Crassus le Riche. Son tombeau, de forme sphérique, est le plus remarquable de tous ceux qui bordent la voie Appienne, restaurée par les soins de Pie IX.
(*Note du traducteur.*)

ciens historiens de Lambessa, et dont il reste quinze debout aujourd'hui. Au delà de cette porte on voit quatre ou cinq arches, portion d'un ancien aqueduc, et à une centaine de mètres plus loin, à gauche, on arrive aux ruines du temple d'Esculape. Quatre colonnes ioniques, dressées sur un escalier de marbre et formant partie de la façade, portent une inscription indiquant que ce temple fut construit par ordre de Marc-Aurèle et de Lucius Vérus, et qu'il fut dédié à Esculape et à la déesse de la Santé. On y a découvert aussi des statues d'autres divinités et un pavé en mosaïque, sur lequel on lit cette inscription :

BONUS INTRA, MELIOR EXI [1].

L'amphithéâtre ou cirque, dont les entrées et les gradins sont bien conservés, se trouve à droite de cet édifice. Toute la surface de la plaine est couverte d'arcs de triomphe, de portails, de belles colonnes de marbre aux chapiteaux finement sculptés. L'herbe pousse au milieu de ces ruines nombreuses, et cette solitude immense produit une sensation pénible, dont on ne peut se défendre. En fait de créatures vivantes, nous n'aperçûmes qu'un aigle majestueux, qui se reposait sur une des colonnes brisées du prétoire, et un pauvre petit hibou brun, perché sur une des belles corniches du temple d'Esculape. A l'extrémité de l'ancienne ville, se trouve le tombeau de Flavius Maximus, préfet de la troisième légion : c'est un monument carré, de forme pyramidale, sur lequel est gravée une inscription qui rapporte que

---

1. Entrez bon, sortez meilleur.   (*Note du traducteur.*)

Julius Secundus, centurion de cette même légion, fit élever ce tombeau, pour lequel Flavius Maximus avait laissé

Type arabe.

12,000 sesterces [1] par testament. Il a été restauré avec le

1. Monnaie romaine. Il y avait le grand et le petit sesterce. C'est probablement ce dernier, qui équivalait à environ 20 centimes. — Voir le *Dictionnaire de* Littré. (*Note du traducteur.*)

plus grand soin par les Français, qui ont tenu à rendre les honneurs militaires au vétéran romain en défilant devant sa tombe avec des décharges de mousqueterie.

Le village moderne est bien misérable : aussi m'apitoyai-je beaucoup sur le sort des bonnes sœurs de la Doctrine chrétienne, qui y ont créé une école d'une cinquantaine

Un gourbi.

d'élèves, et qui n'ont pas même la consolation d'avoir un curé. Lambessa est une colonie pénitentiaire pour les condamnés politiques. La prison, qui est considérable, est à l'entrée du village. On ne nous permit pas de la visiter ; mais nous aperçûmes quelques-uns des détenus, qui appartenaient évidemment à la classe élevée, et qui étaient condamnés à passer dix, quinze ou vingt ans dans ce triste séjour. Afin de subvenir à leurs propres besoins et pour ajouter quelque chose à leurs maigres rations, ils sculptent divers objets, dont nous leur fîmes quelques emplettes. Ces pauvres gens doivent terriblement souffrir du froid et de la chaleur : car leurs cellules sont sous les toits, et le bâtiment est dépourvu de tout appareil de chauffage. Je quittai Lambessa avec un profond sentiment de tristesse : j'y avais vu tant de choses navrantes !

Dès que je fus de retour à Batna, je me rendis chez les sœurs de la Doctrine chrétienne, qui y ont un fort bel établissement et plus de deux cents élèves, tant externes que pensionnaires. La supérieure, femme d'une nature d'élite, a le don de communiquer sa piété éclairée à toutes les personnes avec lesquelles elle se trouve en contact. Toutes les élèves qu'elle a formées, ont un charme qui leur est propre, et je reconnus que l'esprit de cette maison est encore meilleur que celui qui règne d'ordinaire dans les maisons

Sous une tente de Bédouin.

d'éducation. Cette religieuse a cependant une très mauvaise santé, elle est presque toujours souffrante, et elle habite ce misérable village de Batna sans jouir d'aucune consolation temporelle ou spirituelle. Cet admirable renoncement m'aidait à comprendre comment la grâce toute-puissante de Dieu opère dans une âme vraiment sainte, en dehors des canaux ordinaires par lesquels elle se communique. Une personne moins aimante et moins énergique aurait probablement succombé sous les épreuves et les difficultés multipliées de sa position, tandis que cette sainte femme me disait qu'elle avait toujours demandé dans ses prières de venir travailler au salut des âmes en Afrique, et que, maintenant que ses vœux étaient réalisés, elle aurait eu bien mauvaise grâce de se plaindre des souffrances et des obstacles qu'elle rencontrait sur son chemin.

Dans la soirée, le colonel de la garnison, qui est forte à Batna, vint nous offrir des chevaux pour notre excursion à la forêt des Cèdres; mais nous dûmes y renoncer, ne voulant pas manquer la diligence de Biskra, qui partait le lendemain matin et qui ne fait ce service que deux fois par semaine. Nous assistâmes aux exercices du chemin de la croix dans la petite église, qui regorgeait de monde. Le lendemain était la fête de l'Annonciation. Heureusement que notre diligence, qui attendait la malle de Constantine, ne partit qu'à sept heures, et nous permit ainsi d'avoir la messe avant notre départ. La route monte continuellement jusqu'au caravansérail de Ksour, où il y a un relais de poste. Après le déjeuner, je sortis pour aller esquisser le point de vue, et je découvris d'intéressantes ruines romaines (elles surgissent de partout), tout auprès d'un campement bédouin, dont les femmes et les enfants prirent

Campement bédouin

la fuite et se cachèrent au moment où j'essayai de faire leurs portraits.

A partir de Ksour, nous essuyâmes toutes sortes de contrariétés. La route était exécrable. Dans une descente à pic, notre cocher, avec l'insouciance propre aux conducteurs de diligence, menait ses chevaux ventre à terre, lorsque l'un deux s'abattit sur le flanc, brisa le timon et faillit verser la lourde machine dans la rivière. La pauvre bête, toute grièvement blessée qu'elle était, ne reçut du cocher brutal que des coup de pied et de fouet. Ce traitement barbare me soulevait le cœur. Il fallut deux heures pour réparer le timon et retirer la pesante diligence des profondes ornières où elle s'était embourbée. Nous allâmes à pied jusqu'au caravansérail des Tamarins, par un chemin sauvage et triste au plus haut degré. La voiture nous y rejoignit, et nous nous engageâmes alors dans le défilé pittoresque d'El-Kantra. Il est bordé de hautes montagnes; au fond coule la rivière Oued-Kantra, que nous traversâmes plusieurs fois à gué, non sans peine, attendu que le lit du torrent est très pierreux et les bords d'un accès difficile. Nos sept chevaux étaient complètement épuisés de fatigue ; et, en passant le torrent pour la dernière fois (avant d'arriver à l'auberge d'El-Kantra), nous versâmes brusquement au beau milieu : une de nos roues s'était détachée, et déjà l'eau envahissait le coupé. Nous en sortîmes tant bien que mal, et nous arrivâmes bientôt à une charmante auberge, située dans une gorge

magnifique, entre deux rochers gigantesques et au centre d'une vallée de palmiers de plusieurs kilomètres d'étendue.

Au fond du ravin, l'Oued-Kantra se précipite par une cascade vers la plaine, et une belle arche romaine de trente pieds de largeur, jetée sur la rivière, forme un pont des plus pittoresques, sur lequel passe la route, et qui relie ainsi les deux côtés du défilé. Ce pont d'El-Kantra, qui a donné son nom à l'oasis, est appelé par les Arabes Foum-es-Sahara, ou la bouche du Sahara, parce qu'en effet il domine le seul passage qui conduise du Tell de l'Algérie au Sahara oriental : on le regarde avec raison comme la clef de toute cette région. J'oubliai ma fatigue pour aller, malgré la chaleur, esquisser ce col magnifique. Entre les rochers perpendiculaires, on aperçoit non seulement les palmiers de l'oasis, mais encore des roches recouvertes de couches de sel d'une nuance tirant sur le cramoisi, qui bornent l'horizon. El-Kantra paraît avoir été jadis une colonie romaine fort importante, comme l'attestent de nombreuses inscriptions sur marbre ou sur bronze, que les agriculteurs et les vignerons de l'oasis déterrent à chaque instant. Quand on traverse le pont, on arrive aux trois villages ou « dacheras » qui sont construits au milieu de bosquets de palmiers et entourés d'une haute muraille. Ils ont à eux trois une population de dix-huit cents âmes. Les femmes tissent des burnous et de l'étoffe pour les tentes; les hommes cultivent les palmiers et quelques céréales, qu'ils arrosent comme on le fait en Égypte. La vue de l'oasis n'est pas moins belle prise de l'autre côté de la gorge : les montagnes de Djebel-Gaous et de Djebel-Essor lui font une couronne majestueuse par-dessus les hauteurs du col.

En allant d'El-Kantra à El-Outaïa, on traverse un terrain rempli d'huîtres, de buccardes et d'autres coquillages fossiles : je me demandais comment et par quel cataclysme la mer a pu arriver à baigner cette région élevée.

A El-Hammam, nous repassâmes la rivière près de certaines sources thermales salées. A droite on aperçoit une montagne conique, formée de couches de marbre, de gypse et de sel, que les indigènes appellent la montagne de sel (Djebel-el-Melah). Ils ramassent les blocs que les pluies hivernales détachent du rocher, et vont les vendre au marché de Ziban. Nous eûmes tout le temps d'étudier le paysage : car notre timon, qui avait été fort mal raccommodé, se brisa encore à trois reprises différentes, de sorte que nous n'arrivâmes au troisième relais (El-Outaïa) qu'à huit heures du soir, lorsque nous aurions dû être déjà rendues à Biskra. Tandis qu'on s'ingéniait à réparer notre misérable véhicule, qui s'en allait par morceaux, nous passâmes deux heures dans la salle commune d'un affreux caravansérail, en compagnie de spahis et de paysans. Nous étions tellement brisées de fatigue, que Mary s'endormit profondément sur un des bancs de bois ; il me fallut la réveiller à minuit, lorsqu'on vint nous avertir que la diligence était attelée de nouveau. Nous repartîmes donc, escortées par les spahis, au milieu d'un orage épouvantable : des éclairs sinistres illuminaient les montagnes éloignées, et jetaient

des lueurs fantastiques sur les tourbillons de sable qui menaçaient à chaque instant d'engloutir nos guides à cheval; — puis tout retombait dans de profondes ténèbres; — le roulement assourdissant du tonnerre dominait tout autre bruit. Notre admiration de cette scène grandiose nous fit oublier non seulement notre fatigue et les inconvénients de la route, mais encore les dangers de la rivière, qu'il nous fallut passer à gué plusieurs fois. Nous arrivâmes à Biskra entre deux et trois heures du matin. Nous y apprîmes que la colonie militaire avait été fort inquiète à notre sujet. Comme la diligence avait un retard de six heures, on s'était imaginé naturellement que nous avions été assaillies et dépouillées par quelque tribu hostile. Nous

Le désert, les chacals.

fûmes bientôt installées dans d'excellents appartements, chez M. et Mme Médan, colons français qui tiennent une auberge ou pension sur la petite place derrière le marché. Ce ne fut pas sans plaisir que nous étendîmes nos membres fatigués dans des lits propres et commodes, après avoir été renfermées pendant dix-neuf heures dans le coupé d'une mauvaise diligence. A l'exception d'El-Kantra, le pays situé entre Batna et Biskra est sauvage et désert au plus haut degré : il est complètement dépourvu d'arbres, et offre à peine çà et là quelques traces de culture. C'est un pays de pâturage, fréquenté par d'immenses troupeaux de bétail, de chameaux et de brebis, qui paissaient de loin en loin sur les pentes des montagnes, gardés par de petits pâtres arabes.

Ils se sont mélangés avec les arabes nomades.

Les habitants de cette région sont les Biskris ou Saharis, d'origine kabyle ou berbère, dont j'ai déjà parlé. Ils se sont mélangés avec les Arabes nomades, de telle façon qu'on ne peut plus les distinguer de ces derniers. Ils habitent soit des gourbis, soit des tentes noires de poil de chameau, et portent le costume bédouin; les femmes toutefois ont la figure découverte, selon l'usage kabyle, et sont surchargées de bijoux de toute espèce. Les tentes sont ordinairement gardées par des chiens. Ceux des Biskris sont d'une belle race fauve, produit d'un croisement avec le chacal, tandis que les Kabyles ont des chiens-loups à l'aspect hideux.

Le lendemain de notre arrivée était un dimanche. Comme je m'acheminais vers l'église, quelle ne fut pas ma joie d'apercevoir une cornette blanche qui sortait d'une petite maison au moment où l'angélus sonnait la messe de six heures! Malgré le caractère d'ubiquité de leur charité, j'avoue que je ne m'attendais guère à rencontrer des sœurs de Saint-Vincent-de-Paul au milieu des oasis et des déserts arides du Sahara. J'appris plus tard que la supérieure, sœur Célestine Angelvy, était très liée avec la supérieure de nos sœurs de charité à Londres. On me fit l'accueil le plus bienveillant dans le petit couvent : on me servit du chocolat délicieux, qui me réconforta après mon long voyage; puis je visitai les classes, vastes et bien aérées, où se trouvaient réunies deux cents petites filles. Les chaleurs sont si fortes en été, que les sœurs sont obligées de fermer l'école pendant trois mois : on ne peut sortir à cette époque que le soir ou de très grand matin. Les religieuses souffrent bien plus que les autres Européens, parce qu'elles ne veulent pas se conformer à l'usage universel de coucher sur les toits : ce qui leur serait d'autant plus difficile, que leur couvent est dominé par les grandes casernes environnantes. Elles m'avouèrent que dormir à l'intérieur est un véritable purgatoire, et que leurs lits leur faisaient l'effet de fournaises ardentes.

Village envahi par les sables du désert

Après l'office, nous allâmes, Mary et moi, nous promener dans les bois de palmiers, qui sont magnifiques ; mais je désespère de pouvoir rendre par ma faible plume la beauté du coloris, la forme gracieuse de ces arbres chargés de leurs fruits dorés, les effets de lumière et d'ombre produits par leurs branches se balançant mollement au-dessus du terrain fertile et bien arrosé qui s'étend à leur pied. Il y a environ 180 000 palmiers dans l'oasis du Ziban : ce qui fait cent arbres par arpent. Chaque palmier-dattier rapporte en moyenne vingt-cinq francs par an à son propriétaire. Les arbres commencent à donner dès l'âge de huit ou dix ans, et continuent de produire jusqu'à l'âge de quatre-vingt-dix ou cent ans. L'impôt prélevé par le gouvernement français est de soixante centimes par an sur chaque dattier. Le fruit se forme en mars et arrive à maturité au bout de sept mois, c'est-à-dire en octobre : car les propriétés saccharines de ce fruit ne se développent complètement que sous l'action d'un soleil ardent. Les meilleures dattes sont celles de Souk, oasis située plus avant dans le Sahara : elles ne se dessèchent pas si vite que les autres. Autour de chaque palmier on creuse un fossé qui contient six pieds cubes d'eau et qui doit être toujours rempli. Un arbre exige donc plus de 300 pieds cubes d'eau pendant les sept mois qu'il faut à ses fruits pour arriver à leur complète maturité. Ce système d'irrigation fonctionne avec la plus grande régularité. On ouvre des canaux à des intervalles convenables pour conduire l'eau de la rivière à chaque bosquet de palmiers, et l'on veille à ce qu'ils ne soient jamais à sec. Les fibres et l'enveloppe des fleurs du dattier, qui ressemblent au fourreau d'une épée, servent à faire de bonnes cordes; mélangées avec du mortier, elles forment du torchis pour les maisons indigènes. Les dattes sont l'aliment par excellence de cette population. Avec les feuilles de ce fruit, on tresse aussi des corbeilles ; elles remplacent également le chaume. Quand un palmier-dattier ne donne plus, on fait une incision à la cime pour en

Palmier-dattier. — Récolte des dattes.

extraire du vin (nous en goûtâmes et le trouvâmes fort mauvais); le tronc est ensuite creusé : on en fait des conduits pour l'eau, des colonnes et toutes sortes de meubles. Quand on les emploie pour soutenir des portiques de maisons, ces troncs arrondis ne ressemblent pas mal à des colonnes antiques de marbre : en un mot, au point de vue de la beauté comme de l'utilité, aucun arbre n'égale le palmier-dattier de ces oasis, avec « sa tête dans le feu et ses pieds dans l'eau », selon le dicton arabe. M. Hardy, directeur de la Société botanique d'Alger, a calculé que chaque palmier produit soixante-douze kilos de dattes par an, et que leur valeur au marché est presque équivalente à celle du blé; il ajoute qu'il y a soixante-dix variétés de dattes dans le Ziban, et que même le noyau de ce fruit ramolli dans l'eau sert de nourriture au bétail, qui en est très friand, de sorte qu'aucune portion de cet arbre précieux n'est perdue.

Dans l'après-midi, M. Médan eut l'obligeance de nous conduire lui-même dans sa petite voiture jusqu'aux ruines de l'antique cité arabe de Biskra, dont il ne reste aujourd'hui qu'un minaret et la Kasbah ; puis nous visitâmes un grand jardin botanique, planté de bananiers, de bambous et d'autres plantes des tropiques, telles que le sucre, le café, le riz, etc. Malheureusement, le directeur était absent. Notre hôte nous fit aussi voir le château d'un jeune Français de famille noble, qui avait acheté une portion considérable de l'oasis de palmiers, et avait créé un jardin superbe autour de son habitation. Lui aussi était absent en France pour le moment. Je trouvai cette propriété vraiment digne d'envie, et je m'étonnai qu'il y eût si peu de capitalistes disposés à placer leurs fonds de cette manière, quand ce ne serait que pour avoir une charmante résidence d'hiver. Pendant six mois de l'année, le climat de Biskra est tout ce qu'on peut rêver de plus délicieux : il n'y tombe pas une goutte de pluie; l'air y est pur et léger comme dans la haute Égypte. Entre le château de ce propriétaire

Le soleil couchant jetait sur les montagnes et sur le désert.

noble et la ville, se trouve le village nègre, habité uniquement par cette race, qui vit tout à fait à part, dans des masures et des rues malpropres, où des troupes de petits enfants nus et noirs comme l'ébène se vautraient dans le sable. A notre retour, le soleil couchant jetait sur les montagnes, la rivière et le désert, des teintes d'un rose exquis, qu'on ne voit qu'en Afrique, avec des dégradations de tons pourpres, verts et jaunes, qu'il est impossible de décrire, mais que l'on contemple avec d'autant plus de bonheur qu'on songe aux teintes grises et ternes de notre ciel brumeux et à cette lourde atmosphère du nord qui écrase non seulement le corps, mais aussi l'âme.

Dans le cours de la soirée, le caïd et son frère vinrent nous offrir leurs services, ainsi que le colonel Adhémar l'Hey, commandant de la garnison, qui nous proposa de nous prêter des chevaux pour faire une excursion le lendemain, ce que nous acceptâmes de grand cœur. Nous dînâmes à la modeste table d'hôte de la pension Médan, où nous fûmes servies par les charmantes enfants de nos hôtes, qui ont été élevées à Batna par cette admirable Mme Maréchal (supérieure des sœurs de la Doctrine chrétienne), dont j'avais visité les écoles; elles avaient puisé dans ses enseignements et son exemple cette courtoisie chrétienne, simple et noble en même temps, qui ne saurait se comparer à la politesse banale du monde.

Ce soir-là, on donna la bénédiction du Saint-Sacrement, après une instruction faite dans l'église aux soldats de la garnison, auxquels on prêchait une retraite préparatoire à la communion pascale. Un peintre français, M. Dubois, qui logeait chez les Médan et avait passé l'hiver à Biskra, avait consacré son talent à peindre dans le sanctuaire une très belle fresque représentant Notre-Seigneur comme Rédempteur du monde. En rentrant de l'église, je passai près des cafés arabes, où des femmes vêtues de riches étoffes d'or et de pourpre et surchargées de bijoux dansaient au son monotone du tam-tam. Il faisait aussi clair qu'en

plein jour : la lune projetait avec une netteté extraordinaire les ombres des maisons et des palmiers sur le sable jaune brillant; l'air était tiède comme celui d'une chaude nuit de juillet. Nos petites chambres donnaient sur un jardin rempli de pois de senteur et d'autres fleurs odorantes. Il était impossible de s'enfermer, tant la chaleur était intense! Quant à moi, je ne pouvais m'arracher aux charmes de cette belle nuit, et je restai en contemplation devant le ciel étoilé, jusqu'à ce qu'enfin le sommeil vint me surprendre.

Notre promenade à cheval du lendemain, avant le lever du soleil, fut une des excursions les plus délicieuses que j'aie faites de ma vie. Nous avions d'excellentes montures, et nous traversâmes au petit galop des bosquets de palmiers, des villages pittoresques de l'oasis, avec leurs jolis minarets, leurs ponts rustiques faits de troncs de palmier, des bois d'oliviers, de caroubiers et de cyprès magnifiques. Chaque nouveau point de vue nous semblait plus beau que le précédent, et ce nous fut un grand chagrin lorsque la chaleur croissante nous avertit qu'il était temps de rentrer au logis.

Biskra.

Je m'arrêtai au Jardin d'essai pour faire un croquis de la ville; mais je fus bientôt houspillée par une foule de femmes et d'enfants, de sorte que je dus y renoncer. Il me fallut leur montrer tout ce que je portais, tous mes matériaux de dessins. Un ravissant petit garçon aux yeux noirs superbes, s'étant emparé de ma boîte à couleurs, s'en barbouilla des pieds à la tête. Voyant qu'il n'y avait pas moyen de continuer mon travail, je me mis à jouer avec lui. Autour de moi paissaient des chameaux avec leurs petits. Malgré tout ce qu'on m'avait dit de leur perfidie et de leur méchanceté, en voyant leurs grands yeux doux et mélancoliques, je persistai à croire qu'ils avaient été calomniés par leurs ennemis.

Dans l'après-midi, le caïd nous envoya son propre équipage, attelé de deux chevaux fringants conduits par un cocher nègre à moitié fou ; et nous partîmes au grand galop pour les sources chaudes sulfureuses, situées à dix kilomètres de Biskra, au milieu de rochers stériles : il ne pousse en ce lieu aucune végétation, sauf la rose de Jéricho et quelques plantes semblables, qui croissent parmi les couches de sel déposées de tous les côtés. L'établissement est un bâtiment carré, au centre duquel jaillit la source chaude. Dans le rocher on voit deux ou trois baignoires des plus primitives, creusées dans ses flancs, et qui reçoivent l'eau par des tuyaux ouverts ; on la laisse refroidir pendant vingt-quatre heures avant d'en faire usage. Les propriétés de ces bains sont les mêmes que celles de Hammam-Meskhroutin, dont je parlerai plus loin ; mais je ne pus obtenir aucun renseignement médical sur la source de Biskra : tout ce que je pus apprendre des habitants, fut qu'elle était souveraine pour la guérison des rhumatismes chroniques et articulaires. M. Médan me raconta que pendant deux ou trois ans il avait été comme paralysé par des rhumatismes, et qu'une saison de ces bains l'avait complètement guéri. Comme j'avais une jambe engourdie par suite d'une fièvre rhumatismale que j'avais eue l'hiver précédent, je voulus faire l'essai de ces eaux, et je me trouvai considérablement soulagée après un seul bain. Malheureusement, il n'y a encore rien d'organisé pour les malades ; il n'y a pas même moyen de se procurer une serviette ! On ne pourrait s'y installer pour faire une cure qu'en apportant tout ce qu'il faut de Biskra ; ce qui, du reste, serait très facile. J'ai grande confiance non seulement dans l'efficacité de la source thermale, mais encore dans les effets salutaires de ce climat chaud et sec, pour guérir ces sortes de maladies.

Le désert, les vautours.

En revenant de notre excursion, nous aperçûmes un troupeau de gazelles, qui s'enfuirent à notre approche, et nous rentrâmes sans accident à Biskra ; ce dont nous eûmes lieu de nous étonner, vu les allures excentriques de notre cocher. Nous nous rendîmes à pied à la Kasbah, où nous avions donné rendez-vous au commandant pour voir le coucher du soleil du haut des bastions. Comme nous étions en avance, cet officier nous fit très aimablement les honneurs de la caserne : il nous fit visiter le quartier des officiers, celui des soldats ; il nous montra aussi leurs animaux privés, des gazelles, des autruches et de fort beaux chiens. Puis nous gravîmes le sommet de la vieille forteresse, d'où nous pûmes jouir du spectacle d'un de ces couchers de soleil qui défient toute description : le ciel était en feu et le pays inondé d'un océan de lumière empourprée.

Une des plus belles oasis du Ziban est celle de Sidi-Okbar, à vingt kilomètres de Biskra. Nous n'avions garde de manquer cette excursion, et nous nous mîmes en route le lendemain, aux premières lueurs de l'aube. Après avoir traversé le village nègre, la rivière et les plaines sablonneuses où des centaines de chameaux tondaient quelques maigres herbages, on tourne au sud-est. Une longue ceinture d'arbres d'une apparence sombre indique à l'horizon la position de Sidi-Okbar. A gauche s'élève la grande chaîne des montagnes de Markadou, que le soleil levant baignait d'une délicieuse teinte rose ; à leur base on distinguait des lignes bleu foncé, qui ne se dessinaient en petites oasis aux bosquets gracieux de palmiers que lorsqu'on s'en approchait suffisamment. Il était près de midi lorsque nous atteignîmes Sidi-Okbar, capitale religieuse du Ziban, dont Biskra est le chef-lieu politique. Le cadi vint nous recevoir en grande pompe, nous offrit le café chez lui, et

A la porte de la mosquée.

nous conduisit ensuite à la mosquée et aux autres lieux intéressants de l'endroit. Passant sous un sombre portail, nous nous trouvâmes devant une porte sculptée d'un travail exquis, qui date probablement du quatorzième siècle, et qui est ornée d'anneaux et de poignées en bronze : cette porte remarquable s'ouvre sur la cour intérieure de

L'intérieur de la mosquée.

la mosquée, la plus ancienne de toute l'Algérie. Elle est entourée d'une colonnade de vingt-six colonnes de marbre, dont les élégants chapiteaux sont tous différents. Du haut du gracieux minaret on jouit d'une vue fort étendue.

L'intérieur de la mosquée brille des plus vives couleurs, surtout le « nimbar » et le « mihrab ». A droite se trouve le tombeau du saint émir sidi Okbar, qui fut surpris et assassiné par un chef kabyle qui avait été son prisonnier et qu'il avait grossièrement insulté. Comme on le voit, la charité et l'humanité ne sont pas des vertus re-

Les vrais croyants seuls.

quises par les musulmans pour être tenu en odeur de sainteté. Les vrais croyants seuls ont le droit d'entrer dans l'enceinte où repose le corps du saint : on nous permit seulement de regarder à travers des croisées en pierre sculptée à jour alternativement en forme de croix et de losange. Nous entrevîmes une petite chapelle mortuaire, dont les murs sont tapissés d'ex-voto. Le cercueil est placé au milieu; il est recouvert de belles tentures de soie verte; des bannières et des œufs d'autruche sont suspendus au-dessus. Le nom et les titres du défunt, suivis de cette prière : « Que Dieu lui fasse miséricorde ! » sont encastrés dans une des colonnes qui soutiennent la chapelle. Cette inscription, en caractères coufiques, date du commencement de l'hégire et passe pour être la plus ancienne de toutes celles du pays. On a pratiqué dans la muraille une petite armoire, où l'on conserve des livres et des manuscrits précieux ; mais on ne nous permit pas de les voir. Nous allâmes ensuite faire un tour

Marché arabe.

au marché, où nous achetâmes de ces glaces à main, rondes et recouvertes de cuir, que les femmes de Biskra attachent à leur ceinture par des lanières de maroquin rouge, ainsi qu'une belle étoffe pourpre rayée de blanc, pour en faire des jupons. Le caïd nous conduisit ensuite chez des tisserands qui fabriquent des haïks et des gandouras d'une finesse extraordinaire ; une femme, en particulier, qui travaillait seule à un métier, enrichissait son tissu de dessins variés.

Nous acceptâmes l'invitation que nous fit le caïd de dîner chez lui : on nous servit une quantité innombrable de plats, et, en dernier lieu, du couscous, qui, cette fois, se trouva être excellent. La grande chaleur nous fit apprécier doublement l'ombre et le repos que nous goûtâmes dans cette habitation, et nous apprîmes plus tard que notre hôte s'était imposé le plus grand des sacrifices en dînant avec nous, car c'était la première fois de sa vie qu'il s'était mis à table avec des femmes. Le repas terminé, un message mystérieux fut transmis à notre guide, qui nous conduisit dans un jardin planté d'orangers et de superbes palmiers. et là on nous présenta à la femme du caïd. Elle pouvait avoir vingt ans : ses traits étaient réguliers, ses yeux noirs; mais elle avait l'air triste, et n'osait ni parler ni faire un mouvement. Son mari paraissait tout fier de l'avoir pour épouse. Elle était vêtue d'une magnifique robe rouge semée d'étoiles d'or et retenue par une ceinture verte ; une légère écharpe de gaze violette et blanche était jetée sur sa tête. Elle était littéralement surchargée de bijoux : ses chevilles, sa tête, son cou, ses bras, étaient ornés de plusieurs rangs de perles, d'émeraudes et d'autres pierres fines, et son haïk était attaché par une agrafe appelée « la main de Mahomet ». Assise sur un petit tabouret, elle restait immobile : ce qui me permit de faire son portrait, ainsi que celui de sa suivante; ce dont le caïd fut enchanté, et il écrivit avec orgueil au bas du croquis son nom et celui de son épouse en caractères arabes. Du jardin l'on jouit d'une vue charmante sur la mosquée avec ses fenêtres en ogive et sur une fontaine ombragée par un beau palmier. Tandis que nous admirions le jardin, le visage de la maîtresse de maison resta impassible; elle avait l'air effarouché et ennuyé : aussi, lorsque nous prîmes congé d'elle, elle disparut promptement et toute contente par une galerie fermée qui conduisait à son harem. Après avoir remercié notre aimable hôte, nous remontâmes en voiture pour rentrer à Biskra. Ce qu'il y a de frappant à Sidi-Okbar, c'est l'énorme quantité de palmiers qui ombragent les maisons, et dont les branches sont si touffues, que de loin elles cachent complètement les habitations.

Nous fîmes aussi une excursion à Sidi-Becker, charmant village situé à environ deux lieues de Biskra. On traverse la rivière sur un pont rustique, fait de troncs de palmiers creusés à cet effet. Un magnifique figuier-sycomore étend ses rameaux ombreux en cet endroit. Au milieu de la cour du minaret jaillit une belle fontaine ombragée de palmiers. Des femmes et des enfants étaient groupés tout autour pour jouir de la fraîcheur. Les femmes, avec leurs yeux noirs et leurs nez aquilins, seraient jolies, si ce n'était la grosseur de leurs traits. Elles étaient toutes couvertes d'amulettes et de bijoux en argent. A mon retour, je m'amusai à dessiner une jeune fille de dix-huit ans qui s'était plantée devant ma fenêtre pour voir ce qui se passait dans ma chambre. Je me vengeais ainsi de son indiscrétion ; mais, dès qu'elle s'aperçut que je faisais son portrait, la curieuse prit la fuite.

Nous fûmes invitées à passer la soirée chez le caïd, qui nous présenta sa femme et sa fille, toutes deux admirablement belles. La mère, richement vêtue, était assise dans

Femme de Caïd. — Costume de Biskra.

une alcôve, ayant auprès d'elle ses deux jolis petits enfants, dont l'un dormait dans sa couchette, tandis que l'autre ouvrait de grands yeux à la vue de ces deux étranges Européennes, et demeurait muet d'étonnement. La fille du caïd était veuve. Il paraît qu'elle avait fait un mariage d'inclination : aussi était-elle inconsolable de la mort de son mari ; elle n'était pas habillée de noir, mais elle ne portait point de bijoux, ce qui dans ce pays est un signe de deuil. Le second fils nous servit d'interprète : il parlait français assez couramment. C'était bien le plus bel Arabe qu'il fût possible de voir. Il témoigna le plus vif désir de connaître l'Angleterre, que son frère aîné avait visitée à l'époque de la grande Exposition de 1862, et il ne cacha pas qu'il était mécontent de la position actuelle qui lui était faite dans sa famille. Sa mère nous raconta qu'elle avait eu neuf enfants, tous aussi beaux et aussi bien constitués que celui-ci, dont elle était évidemment très fière. On nous offrit du café délicieux, préparé à la mode arabe, ainsi que des dattes de Souk. Nos personnes et nos costumes procurèrent beaucoup d'amusement à ces dames ; le chapeau rond de Mary les intrigua énormément, et elles admirèrent fort son opulente chevelure. Nous rentrâmes au logis par un clair de lune féerique. Les ombres des maisons et des palmiers se dessinaient avec une telle netteté, qu'on les eût dites découpées sur le ciel bleu foncé ; elles étaient même plus noires qu'en plein midi. Le climat de Biskra est assurément le plus délicieux du monde en hiver et au printemps, et la vie matérielle y est à si bon marché, que je ne comprends pas pourquoi un plus grand nombre de personnes ne s'y établissent pas pour se refaire la santé et fuir les brouillards et l'humidité de l'Angleterre.

Nous passâmes quatre jours à la pension Médan, et notre note ne se monta qu'à cent francs : pour cette somme, nous avions eu la jouissance d'une petite voiture, trois bons repas par jour pour Mary, pour moi et mes trois domestiques, des lits et des chambres extrêmement propres et confortables. Le prix d'une place dans la diligence de Batna à Biskra est de vingt-trois francs, et de Batna à Con-

Le lendemain il nous fallut dire adieu à Biskra.

stantine, seulement de quatorze : le voyage n'est donc pas coûteux.

Le lendemain matin, à notre grand chagrin, il nous fallut dire adieu à Biskra, malgré les instances et les remontrances du commandant, qui jugeait que nous nous exposions aux plus grands dangers, car il avait eu des renseignements certains sur l'insurrection des Arabes : Toutes les fermes qui bordent la route avaient été brûlées et détruites, nous disait-il ; il serait bien plus sûr de nous retirer dans la citadelle avec les sœurs de charité, qui s'y étaient déjà réfugiées, et d'y attendre que l'ordre fût rétabli. Heureusement que nous ne nous laissâmes pas gagner par la peur, et bien nous en prit : car, si nous eussions remis notre voyage à quelques jours plus tard, il nous eût été alors impossible de l'effectuer sans courir de grands dangers. Voyant que notre résolution était irrévocable, le commandant nous donna une escorte de spahis très beaux à voir, en vérité, mais qui nous auraient, je crois, rendu peu de services si nous eussions rencontré les insurgés.

Type de spahi.

L'un deux avait une physionomie profondément scélérate, et sa cruauté envers son cheval nous le fit prendre en horreur : il enfonçait continuellement dans les flancs de sa monture ses longs éperons arabes (aiguisés comme un couteau et garnis en plus d'une longue pointe de fer). A la fin, voyant que la pauvre bête était ruisselante de sang, nous le priâmes de mettre pied à terre et de quitter ces horribles éperons. La crainte que nous ne fissions un rapport défavorable sur lui à ses chefs, l'engagea seule à se conformer à nos injonctions. Je suis bien portée à croire que les contes dont on a bercé notre enfance touchant l'affection de l'Arabe pour son cheval, sont de pures fictions. Jamais je n'ai vu traiter les animaux avec autant de cruauté qu'en Algérie. Un jour que tout indignée je m'efforçais de faire comprendre à un Arabe que, s'il était en Angleterre ou en France, on le mettrait en prison, parce qu'il y avait une loi dans ces pays pour empêcher la cruauté envers les animaux, il me répondit en ricanant que, si cette loi était en vigueur en Algérie, la population tout entière serait alors mise en prison séance tenante. J'avoue que c'est la seule chose qui ait gâté le plaisir que j'ai goûté en Algérie : car il est affreux de voir maltraiter de pauvres bêtes, qui n'ont pas, comme les hommes, la ressource de se plaindre des maux qu'on leur inflige.

Mais revenons à notre voyage.

Nous trouvâmes près d'El-Outaïa la route bloquée par des chameaux et des Arabes qui criaient et gesticulaient comme à l'ordinaire : ils avaient été saisis d'une terreur panique ; et, de crainte de tomber entre des

Nous trouvâmes la route bloquée.

mains ennemies, ils se hâtaient d'emmener leurs troupeaux dans des campements moins exposés. Au caravansérail d'El-Outaïa, les propriétaires pleuraient d'épouvante. « Quinze mille Arabes, disaient-ils, étaient à quatre kilomètres de là, et ils seraient tous infailliblement massacrés par eux, s'ils ne prenaient à l'instant la fuite. » Lorsque nous leur demandâmes à déjeuner, ils firent la sourde oreille et se contentèrent de crier : « Les Arabes! les Arabes! » Comme il n'y a qu'un pas du sublime au ridicule, moi qui venais de m'apitoyer de tout mon cœur sur le sort de ces pauvres gens qui étaient à la veille de perdre tout ce qu'ils posé daient, je ne pus m'empêcher d'éclater de rire en voyant une bonne vieille qui se cachait la tête dans son tablier, tant elle était désespérée, en s'écriant : « O mon cochon! mon cher cochon! » Nous eûmes beau leur conseiller d'être calmes et de rester tranquillement chez eux, au moins pour quelque temps, toutes nos exhortations furent inutiles; on ne voulait pas les écouter, et l'on traitait de folie notre projet de pousser jusqu'à El-Kantra. On nous assurait que nous ne manquerions pas de rencontrer l'ennemi, qui n'était qu'à une demi-heure de distance, qui avait déjà incendié la ferme de M. S..., et qui se dirigeait sur El-Outaïa. Afin de les tranquilliser, nous promîmes de leur envoyer un de nos spahis pour les avertir du danger, dans le cas où nous rencontrerions les éclaireurs des Arabes insurgés, sur les collines des environs. Nous nous mîmes donc en route et n'aperçûmes rien du tout, ni une tente ni un cavalier, pas une âme, en un mot, avant d'arriver à El-Kantra, sauf quelques petits pâtres, qui prirent la fuite sitôt qu'ils aperçurent notre diligence. J'ai pensé plus d'une fois que les terreurs paniques des Français au sujet des Arabes créent souvent les maux qu'ils redoutent, et je ne crois pas que dans la dernière insurrection il y ait eu beaucoup de désastres à signaler, à l'exception de quelques fermes détruites près de Lambessa, de sorte que le colonel de la petite garnison de Biskra aurait pu dormir tranquille.

Nous passâmes la nuit dans la mauvaise auberge d'El-Kantra, parce que je voulais avoir le temps d'explorer et de dessiner ce col magnifique; et le lendemain matin nous reprimes la diligence pour Batna, où nous fûmes reçues à bras ouverts par cette chère madame Maréchal (supérieure des sœurs de la Doctrine chrétienne), qui nous avait fait préparer un excellent dîner. J'allai ensuite rendre visite au colonel Adelhar, pour lui parler de la terreur qui avait saisi tout le monde à Biskra, et le prier, au nom des Médan et des autres colons européens, d'y envoyer des troupes pour renforcer la petite garnison; ce qu'il me promit de faire. Remontant dans notre coupé de diligence, nous arrivâmes à Constantine le lendemain, après un voyage nocturne passablement ennuyeux.

Nous consacrâmes deux jours à revisiter les lieux qui nous avaient charmées, et à faire des visites d'adieu aux amis nombreux que nous nous étions faits dans cette ville ; mais nous souffrîmes beaucoup du brusque changement de climat : à Biskra, c'était le ciel en feu des tropiques ; à

Les hivers sont très rigoureux.

Constantine, la neige et les frimas. Les hivers sont très rigoureux dans cette dernière ville : cela tient à sa position élevée et à la proximité de montagnes couvertes de neige. Aussi les malades qui se proposent d'y faire un séjour, feront bien de se munir de vêtements chauds, soit qu'ils se rendent au désert ensoleillé, soit qu'ils en reviennent.

Le lendemain matin, à quatre heures, nous montâmes dans la diligence qui devait nous conduire à Guelma, et ce ne fut pas sans regret que nous dîmes adieu à Constantine. Aux premières lueurs de l'aube, nous traversâmes le pont pittoresque jeté sur le ravin, et la dernière créature

272 L'ALGÉRIE CONTEMPORAINE.

vivante que nous aperçûmes fut une vieille cigogne qui volait lentement du haut du minaret, en se dirigeant vers le gouffre béant.

La route de Guelma est presque impraticable pour les

Quand nous eûmes atteint le caravansérail.

voitures, et le tirage conséquemment horrible pour les pauvres chevaux : aussi, quand nous eûmes atteint le caravansérail du Kroubs, notre conducteur prit à travers champs, traversant les rivières à gué et brisant les haies de clôture, dans une sorte de steeple-chase qui aurait certainement fait bien peur à des personnes nerveuses. Ces inconvénients n'existeront plus dès que la nouvelle route empierrée, qui est en voie de construction, sera achevée. Quant à nous, nous préférâmes aller à pied jusqu'au relais suivant : ce qui nous permit de cueillir des narcisses blancs, des tulipes et des crocus, qui croissaient naturellement dans les prés. Le pays, d'abord plat et désert, changea d'aspect en approchant de Guelma, et nous revîmes avec plaisir des forêts et des montagnes à l'horizon.

Dans les prés.

Guelma est une petite ville moderne, insignifiante, bâtie sur les ruines de l'antique Calama, dont il ne reste aujourd'hui que les remparts et la citadelle. On a organisé dans un ancien temple sphérique un petit musée, qui contient des statues précieuses, des colonnes et des inscriptions découvertes lors de la construction de la nouvelle ville par les Français. L'hôtel de l'endroit était mauvais et malpropre (le seul que nous ayons trouvé en Algérie dans ces conditions) : aussi n'étions-nous point disposées à y faire un long séjour; mais, comme le lendemain était le dimanche des Rameaux, nous restâmes pour aller à la messe et nous procurer des palmes bénites à la jolie petite église Saint-Augustin, qui est sur la grande place. Nous retrouvâmes ici des sœurs de la Doctrine chrétienne, avec leurs belles écoles, dont les enfants avaient orné leurs rameaux de gâteaux et de bonbons, usage que je n'admirai pas du tout.

Non loin de Guelma se trouve Souk-Harras, l'antique Tagaste, patrie de sainte Monique, où naquit saint Augustin, le 13 novembre 334, son père Patrice étant alors préfet de la ville. Après l'office, nous nous empressâmes de quitter notre vilain appartement à l'auberge, pour monter dans une petite voiture qui devait nous conduire à Hammam-Meskhroutin, ou « les Bains Maudits », but principal de notre voyage dans la province de Constantine. Nous passâmes près d'une riche ferme, qui appartient à M. Vigier, colon français très entreprenant; et, tournant brusquement à gauche, nous arrivâmes dans un vallon pittoresque, au fond duquel coule la Seybouse, et que dominent de hautes montagnes, jusqu'à ce que nous atteignîmes un plateau élevé, et nous aperçûmes devant nous les sources chaudes, ou plutôt un nuage

Hammam-Meskhroutin.

blanc de vapeurs sulfureuses. Nous descendîmes chez la femme de charge de M. Lambert (gouverneur général de l'Algérie à cette époque), qui avait disposé un petit chalet pour nous recevoir, d'après les instructions qu'elle avait reçues de ce haut fonctionnaire, sur la propriété duquel les bains sont situés. Nous fûmes bientôt installées dans notre maisonnette, qui n'avait qu'un étage, mais dont les trois chambres étaient propres et gaies. Il n'existe encore point d'hôtel en cet endroit; mais il y a un casino en voie de construction, un hôpital militaire et quelques cabinets de bains isolés, bâtis au-dessus des sources. Mais comment décrire ce lieu extraordinaire? Qu'on se figure une quantité de cônes blancs, qui marquent l'endroit où jaillissaient autrefois des sources aujourd'hui taries, avec un groupe de piliers de pierres isolés les uns des autres, qui ont donné lieu à la légende arabe que voici :

Un Arabe fort riche résolut d'épouser une belle jeune fille qui lui était parente à l'un des degrés prohibés par la loi de Mahomet; et, bravant l'autorité religieuse, il donna un festin magnifique à l'occasion de son mariage. Mais, avant la fin de la cérémonie, un tremblement de terre épouvantable survint; — les démons furent déchaînés, et tous les convives furent changés en pierres, — y compris le père et la mère du fiancé, ainsi que le cadi qui avait officié et présidé à cette union sacrilège. Pour confirmer la vérité de ce récit, on nous montra du soufre granulé comme étant des restes de couscous pétrifiés dans la catastrophe.

L'eau est d'un blanc laiteux, et surgit en bouillonnant de tous les points du sol; puis ces sources différentes se réunissent pour former une belle cascade, qui tombe du haut d'un pan de rochers dans le torrent qui coule au bas.

Les eaux de ces sources sont les plus chaudes que l'on connaisse, à l'exception des Geysers de l'Islande, et de celles de Las Trincheras dans l'Amérique du Sud. La température des Geysers est de 109°; celle de Trincheras, de 96°,6, et celle de Hammam-Meskhroutin, de 95°. Leurs propriétés sont analogues à celles de Bagnères, d'Aix-en-Savoie et des Eaux-Bonnes : elles contiennent du chlorate de soude, du soufre et du sulfate de chaux; elles sont très efficaces pour la guérison des rhumatismes, des névralgies, des maladies des glandes, de la sciatique et autres maux semblables. Le traitement se fait au moyen de douches, d'inhalations et de bains ordinaires.

Vu par un beau clair de lune, le théâtre de la légende arabe présente vraiment un aspect mystérieux et fantastique : les tourbillons de vapeur qui sortent de la terre de tous côtés, tantôt laissent apercevoir, tantôt enveloppent les piliers-fantômes, et leur donnent un air de réalité tout à fait saisissant. La plus belle vue des Geysers cependant est celle que l'on a d'en bas : on voit les sources bouillonnantes se précipiter en cataractes du haut d'une roche perpendiculaire, nuancée de blanc, de rose, de jaune, de vert et d'orange, dans un précipice à deux cents pieds de profondeur, au milieu d'un nuage de vapeur, sur lequel les rayons du soleil produisent les plus belles couleurs prismatiques. J'essayai en vain de peindre cette scène féerique : je dus y renoncer, parce que les effets de lumière variaient à chaque instant. Le ravin était ombragé par des acacias et d'énormes oliviers. Nous vîmes des

Arabes qui lavaient leurs vêtements, d'autres qui faisaient cuire des œufs et des légumes dans le ruisseau. Les belles montagnes qui bordent le vallon, attirent les nuages,

Des Arabes venaient faire cuire des œufs.

et par conséquent la pluie et le froid en cet endroit, de sorte que la saison des bains ne commence qu'en mai ou juin et finit en octobre. A une petite distance du casino l'on trouve un vallon pittoresque, rempli de grottes et de stalactites rouges, au-dessus et au-dessous duquel on peut faire de délicieuses promenades dans des bois d'oliviers et de lentisques, ainsi qu'au bord de petits ruisseaux qui fuient sous des lauriers-roses et des buissons fleuris.

Les bains de Hammam-Meskhroutin paraissent avoir été connus des Romains. Le frère de Mme Lambert nous mena voir les anciens réservoirs romains, à deux ou trois kilomètres de là, et où de nouvelles sources ont fait leur apparition au sein des rochers qui bordent la rive droite de l'Oued-Chedakhra. Ces eaux, qui sont un composé de fer et de soufre, ont les mêmes propriétés que celles de Spa et de Pyrmont[1]; l'efficacité et la valeur de ces sources ferrugineuses côte à côte avec les sulfureuses sont très appréciées de la Faculté. Nous ramassâmes une quantité de feuilles et de bois pétrifiés au bord des bains romains; on eût dit, à les voir, que c'était du corail blanc. On y arrive par un sentier frayé dans un bois célèbre pour ses panthères et ses chats sauvages; mais nous ne rencontrâmes aucun de ces animaux; seulement, deux aigles magnifiques, qui planaient sur la montagne, s'abattirent quelques instants sur un rocher auprès duquel nous nous reposions. Il est très regrettable qu'on n'ait encore rien organisé pour l'installation des baigneurs, obligés de se pourvoir de vivres auprès du propriétaire des bains, à moins qu'ils ne soient munis (comme nous l'étions) de lettres du gouverneur général. Mais peut-être les choses vont-elles mieux pendant la saison officielle des bains.

1. Ces sources renommées se trouvent dans une charmante vallée du Weser, dans la petite principauté de Waldeck, au sud du Hanovre.
(*Note du traducteur.*)

Nous retournâmes voir la cascade pendant la soirée, car nous ne pouvions nous lasser d'admirer ce spectacle, d'une beauté si étrange. Non seulement le volume d'eau fourni est énorme, — deux de ces sources, à elles seules, donnent 84 000 litres par heure, — mais il en jaillit continuellement de nouvelles[1]. La température de l'eau est si élevée, que, lorsque nous en puisâmes pour nous laver les mains, il nous fallut attendre une bonne heure avant qu'elle fût suffisamment refroidie pour en faire usage. Les cônes épuisés ont un aspect étrange : la terre s'est accumulée au-dessus, et, les oiseaux y ayant déposé des semences, on croirait voir des pots de fleurs gigantesques d'où retombent gracieusement des fougères et toutes sortes de graminées. Pendant la nuit, nous fûmes réveillées par une secousse de tremblement de terre, qui renversa tous les meubles de notre chambre. J'ai toujours pensé qu'un beau jour les habitants de ce sol volcanique pourraient bien être engloutis dans le gouffre en ébullition qui est à leurs pieds. La couche de terre ou plutôt de soufre sur laquelle on marche, est si mince, que l'on risque à chaque instant de se brûler les pieds dans les petits filets d'eau bouillante qui se rencontrent à chaque pas : aussi les Arabes ont-ils inventé une quantité de contes qui se rattachent à la légende du mariage maudit, et pour rien au monde ils ne voudraient s'approcher de ce lieu sinistre après le coucher du soleil.

1. Plombières donne   10 116 litres par heure.
    Barèges,   7 500   —
    Saint-Sauveur,   6 000   —
    Bourbonne,   5 000   —

En résumé, il me semble qu'il serait très avantageux pour les malades qui n'ont pas les moyens pécuniaires de fréquenter les stations thermales si coûteuses du midi de l'Europe, de venir faire leur cure aux bains de Hammam-Meskhroutin. Lors de notre séjour, la saison n'était pas encore commencée; mais on m'assura qu'il y avait un excellent médecin à la tête de l'établissement, et que chaque jour on y introduisait des améliorations importantes au profit des malades. L'année précédente (1870), il y avait eu deux cents baigneurs; tous avaient été plus ou moins soulagés, et quelques-uns complètement guéris. La traversée de Marseille à Bône coûte 118 francs en première classe, et 95 francs en seconde; le prix d'une place dans la diligence de Bône à Guelma n'est que de 8 francs. De là une voiture particulière ou l'omnibus vous conduit aux bains, à une heure et demie de Guelma.

Ainsi les frais du voyage en partant de Paris se montent comme suit :

De Paris à Marseille, 1re classe :	96 fr.;	2e classe :	72 fr.
De Marseille à Bône,	—	118	—	95
De Bône à Guelma,	—	8	—	8
Omnibus,	—	3	—	3
		225		178

Le voyage reviendrait donc à 225 francs, mais en revanche le logement et la nourriture ne coûteraient presque rien.

A notre retour à Guelma, nous visitâmes le grand marché arabe qui se tient près d'un théâtre antique, et nous remontâmes en diligence pour Bône, après avoir dit adieu

à un petit marcassin apprivoisé, qui était couleur acajou et rayé de noir; il savait boire du lait par le goulot d'une théière, et se considérait tout à fait comme un des nôtres : ce fut la seule connaissance que nous laissâmes à Guelma.

La route de Bône est très pittoresque : elle serpente jusqu'au sommet d'une colline très élevée, d'où l'on embrasse une vue magnifique des montagnes, de la

Un gourbi (route de Bône).

plaine qu'arrose la Seybouse, et du lac Fezzara, renommé pour ses oiseaux aquatiques. En descendant vers la plage, nous traversâmes des jardins et des vergers, un pays riant et bien cultivé, chose rare en Algérie. Bône est une petite ville très animée, assise au fond d'un golfe que protègent deux bras de terre s'avançant dans la mer et couronnés par l'ancienne citadelle : elle est ainsi protégée contre les vents qui soufflent avec violence dans ces parages, et ressemble à un petit Marseille, avec de belles montagnes sur l'arrière-plan. La vieille ville est assez bien conservée. L'antique Kasbah sert aujourd'hui de caserne ;

Bône. — L'antique Kasbah.

on y monte par une route superbe, bordée d'arbres, d'aloès et de jardins, qui me rappelaient le chemin de la piazza del Popolo au mont Pincio à Rome. Bône possède un square ou grande place plantée d'arbres, avec un jardin, au milieu duquel jaillit l'inévitable fontaine de marbre blanc ; des boutiques abritées par des arcades sont rangées sur trois des côtés ; le quatrième est occupé par l'antique mosquée de Djama-el-Bey

Sur le faîte du minaret, je revis avec plaisir mes anciennes connaissances, les cigognes, qui abondent à Bône. En montant à un atelier de photographie qui se

Un minaret avec ses nids de cigognes.

trouvait très près du ciel, nous aperçûmes la femelle d'un de ces oiseaux qui couvait ses œufs, et l'on nous raconta que, la veille, son nid avait été le théâtre d'une bataille acharnée. Le mâle avait apporté un serpent à sa compagne, lequel s'était évadé. On lui fit aussitôt la chasse; mais la nouvelle de cette aubaine s'était vite répandue chez les autres cigognes, et, lorsque le reptile fut enfin retrouvé sur le bord du toit, ces oiseaux se livrèrent un combat si furieux pour sa possession, que le serpent fut littéralement haché en mille morceaux. Le seul désagrément causé par les cigognes, que l'on regarde ici, de même qu'en Allemagne et en Hollande, comme des amies de la famille, c'est qu'elles ont l'habitude d'apporter des serpents dans les maisons; et ces reptiles, souvent fort venimeux, leur échappent quelquefois, et vont pondre leurs œufs sous les toits et jusque dans les chambres : chose peu agréable, il faut en convenir. Lorsque deux cigognes regagnent leur nid, elles se saluent gravement et font claquer leurs becs ensemble avec un bruit sec, que les Arabes interprètent en actions de grâces envers Dieu pour leur heureux retour. Il n'est pas rare de trouver dans les tombeaux musulmans une petite rigole destinée à recevoir l'eau de pluie pour désaltérer les cigognes : précaution touchante prise par les bienfaiteurs de ces oiseaux, considérés comme portant bonheur aux toits qui les abritent.

Mais, à force de parler des cigognes, je m'aperçois que j'oublie saint Augustin, dont le souvenir donne seul de l'intérêt à Bône. On lui a dédié une belle cathédrale, du style byzantin, sur la place Napoléon. Je m'y rendis avec empressement, et j'y admirai des fresques représentant la vie du saint docteur et celle de sainte Monique. On y conserve aussi de précieuses reliques; mais mon grand désir était de visiter Hippone, l'antique Ubbo, qui n'est qu'à environ deux kilomètres de Bône, et qui fut la demeure de saint Augustin et le siège de son évêché. C'est là qu'il fut ordonné prêtre, en 390, et plus tard nommé coadjuteur de Valérius, auquel il succéda en 395 ; c'est encore à Hippone qu'il écrivit ses « Confessions », en 397, tandis qu'il composa son célèbre traité de « la Cité de Dieu » de 413 à 426. Pendant trente-cinq ans, cette ville eut le bonheur de posséder saint Augustin. Les années de son épiscopat furent pour elle des années de gloire et d'honneur, car Carthage n'était alors qu'une ville secondaire.

Hippone fut prise par les Vandales au mois d'avril 431, une année après la mort de saint Augustin. Ce fut en vain que ses habitants se défendirent avec bravoure pendant deux mois : leur résistance opiniâtre ne fit qu'exas-

Les Arabes achevèrent l'œuvre des Vandales.

pérer les vainqueurs, qui la réduisirent en cendres ; la cathédrale et le palais épiscopal furent heureusement épargnés, et la Providence divine ne permit pas non plus que la bibliothèque et les manuscrits précieux légués par le grand docteur à son Église devinssent la proie des flammes. En 534, Bélisaire s'empara d'Hippone, et lui rendit quelque peu de son ancienne splendeur; puis elle fut reprise, en 697, par les Arabes, qui achevèrent l'œuvre de destruction commencée par les Vandales. L'espace compris par les anciens murs d'enceinte est d'environ 60 arpents. Il ne reste aujourd'hui debout que les réservoirs romains, une portion de l'aqueduc et les murs du palais de l'évêché. On a construit auprès de ces ruines une modeste chapelle, où un pieux ecclésiastique, décédé depuis peu, offrait tous les jours le saint sacrifice de la messe. Il habitait une maisonnette à deux pas de l'église. Son vœu le plus ardent eût été d'engager des religieux de l'ordre de Saint-Augustin à venir fonder une mission dans ce lieu tout rempli des souvenirs de leur patriarche. Partout de belles feuilles d'acanthe poussaient au milieu de ces ruines, ombragées d'oliviers séculaires et tapissées de clématites, d'églantines et d'autres fleurs des champs.

L'excellente supérieure des sœurs de la Doctrine chrétienne avait bien voulu m'accompagner. Nous gravîmes ensemble un sentier escarpé, qui conduit à un bois d'oliviers au milieu duquel on a érigé un grand monument de marbre blanc, surmonté d'une statue en bronze de saint Augustin. Chaque année, à la fête du saint, on célèbre la messe dans cet oratoire qui lui est dédié, on chante ses litanies et l'on fait ensuite une procession. De cet endroit on jouit d'un point de vue magnifique : à droite on voit le mont Édough; à gauche, Bône et la Méditerranée aux flots d'azur. Que de fois, nous disions-nous, saint Augustin doit avoir contemplé ce même spectacle! car la nature est immuable.

Nous redescendîmes la colline, et nous allâmes visiter un grand orphelinat, dirigé aussi par les sœurs de la Doctrine chrétienne, et situé dans les environs d'Hippone. On y a recueilli plus de deux cents enfants, qui cultivent les jardins, travaillent à la ferme et s'adonnent à diverses industries. Cet établissement est un des plus beaux que je connaisse. Dans le courant de la soirée, la supérieure me conduisit à leur maison en ville, qui est aussi très considérable : il y a là vingt-sept religieuses et des centaines d'enfants de tout âge et de nationalités diverses. On leur enseigne le chant; presque toutes ont de belles voix. Les plus âgées me chantèrent un cantique à saint Augustin à plusieurs parties, que je trouvai extrêmement joli.

Berceau arabe.

Le lendemain matin, le consul et le maire nous apportèrent des billets du chemin de fer du gouvernement pour Mokta-el-Hadid, où se trouvent des mines de fer considérables, à six lieues de Bône. La voie ferrée traverse une vallée riante et bien cultivée, au sortir de laquelle on arrive au grand lac Fezzara, dont nous avions eu une vue à vol d'oiseau en venant de Guelma. Ici nos compagnons de voyage, qui étaient tous chasseurs, quittèrent le train pour aller tuer des canards sauvages; nous promîmes de les reprendre à notre retour. Au bout d'une heure nous atteignîmes les mines, où nous fûmes reçues avec courtoisie par le direc-

Des arabes s'éloignaient des mines.

teur, qui nous expliqua les travaux d'exploitation. Ce qu'il y a de curieux ici, c'est qu'on recueille le minerai non pas dans les entrailles de la terre, mais dans les rochers qui sont au-dessus, et au-dessous d'un certain niveau l'on n'en trouve plus. On envoie ce minerai directement en France, pour y être fondu : ce qu'on ne peut pas faire sur les lieux, faute de houille, seul trésor minéral que l'on n'ait pas encore découvert en Algérie. Les mineurs travaillent à la tâche, et gagnent de trois à cinq francs par jour. On jette le minerai dans de petites charrettes, qui courent sur un tramway relié au chemin de fer, d'où on l'expédie directement au port de Bône, de sorte qu'il y a peu ou point de transbordement. Le directeur m'apprit aussi que pendant l'été ses ouvriers avaient beaucoup souffert des fièvres engendrées par les exhalaisons du lac Fezzara; que la guerre lui avait enlevé bon nombre de ses mineurs, et qu'il ne pouvait pas les remplacer par des Arabes, parce que ceux-ci ne veulent pas travailler régulièrement. Le minerai de Mokta-el-Hadid est, paraît-il, supérieur à celui qu'on trouve en France; il est surtout très propre à fabriquer des canons : aussi sa valeur ne fera-t-elle qu'augmenter chaque année.

Avant de partir, je dessinai le lac Fezzara, qui a dix ou douze lieues de longueur; il est dominé par une belle chaîne de montagnes, dont le mont Édough est la sommité principale. Comme il n'y avait absolument rien d'intéressant à voir, nous ne fûmes pas fâchées de reprendre le train au plus vite. Pendant tout notre séjour à Bône, le maire eut l'extrême obligeance de mettre sa voiture et ses chevaux à notre disposition, attention que nous appréciâmes d'autant plus qu'il n'y avait pas moyen d'en louer dans la ville.

Le lendemain, nous nous rendîmes au vieux fort génois du cap de Garde, en passant, par la porte de la Kasbah, dans le jardin botanique, où l'on cultive toutes les plantes des tropiques. La route côtoie la plage, et me rappelait certaines portions de la Corniche : c'était bien la même Méditerranée aux flots d'azur ; d'un côté, des montagnes, et des ravins brisés de l'autre ; seulement, à la place des jardins en terrasse et des riches cultures de la Savoie, l'œil ne rencontrait que des palmiers nains, entremêlés de lavande, de genêts, de cistes rouges et blancs, de serpolet et d'autres arbustes qui embaumaient l'air de leurs parfums. Les jeunes pousses du palmier nain, ou chamærops, ont une nuance délicieuse de vert olive, tranchant très agréablement sur la verdure, qui sans cela serait trop uniforme. A chaque tournant de la route nous nous trouvions dans de jolies petites anses sablonneuses, couvertes de coquillages, et plus d'une fois nous descendîmes de voiture pour aller en ramasser. Entre le cap et le fort génois, on nous montra plusieurs grottes fort curieuses, qui donnent sur la mer. La première me parut taillée dans le roc ; un chevrier s'y était réfugié avec son troupeau. Il y en a deux qui sont creusées de la manière la plus fantastique, et qu'on appelle « Grottes des saints », parce qu'on prétend qu'elles servirent de retraite aux chrétiens pendant les persécutions exercées par les Vandales. On voit aussi un peu plus loin une immense carrière de marbre, jadis exploitée par les Romains, qui en tirèrent des matériaux pour construire la plupart des édifices d'Hippone. Le caroubier, la vigne, le nopal et le figuier croissent en abondance dans les fentes et les creux du marbre, et tout près de cette carrière le cap

Entrée d'une kasbah.

de Garde s'avance dans la mer ; il est surmonté d'un magnifique phare, construit sur des rochers élevés et qu'on aperçoit à dix lieues de distance. Ce fut notre dernière excursion en Algérie, car le lendemain nous devions nous embarquer pour Tunis.

Mais, avant de terminer mon récit, je veux consacrer quelques pages à l'examen de l'administration politique de ce pays, sujet que les événements récents rendent d'un intérêt palpitant pour tous ceux qui aiment la France et les Français.

CHAPITRE HUITIÈME

DU GOUVERNEMENT FRANÇAIS EN ALGÉRIE

VIII

DU GOUVERNEMENT DE L'ALGÉRIE

Si la conquête de l'Algérie n'a pas été chose facile, son organisation ultérieure a été une entreprise bien plus difficile encore. — Afin de gouverner les races indigènes, le gouvernement français jugea utile de suivre le système politique inauguré par Abd-el-Kader. L'émir avait réparti le pouvoir entre les khalifas, les aghas et les caïds, qui, en temps de guerre, faisaient l'office de généraux, et, en temps de paix, remplissaient toutes les fonctions politiques et législatives ; ils étaient également investis du droit de lever les impôts et d'administrer les finances. Un fonctionnaire nommé l'oukil-el-soltan était surintendant des domaines de la couronne et des fermiers qui les cultivaient. Le cadi, choisi parmi les thalebs (sages ou anciens), était chargé de présider aux actes et de tenir les registres de l'état civil, tels que : mariages, divorces, tutelles, successions, ventes, etc., de sorte qu'en cas de dispute ou de litige c'était à lui de prononcer la sentence, de fixer les amendes, dommages-intérêts, et le reste.

Cette forme primitive de gouvernement reposait sur trois grands principes : la religion, la crainte et l'intérêt ; ses avantages consistaient dans sa simplicité et dans sa force, et surtout dans la promptitude avec laquelle elle fonctionnait. Dans l'administration de la justice, les magistrats s'inspiraient des lois très minutieuses renfermées dans le Coran, ainsi que des règles et coutumes ayant force de loi (dans certains cas), de même que chez nous, dans quelques occasions, les juges rendent leurs sentences en s'autorisant de certains précédents.

Mais le gouvernement de l'émir était surtout despotique : son immense prestige et les nécessités de la guerre lui avaient permis de réduire les Arabes à une obéissance aveugle. Outre les impôts sanctionnés par le Coran, il exigeait continuellement de ses sujets des contributions supplémentaires, appelées « el maouna », ce qui signifie : secours extraordinaires ». Lorsqu'il s'agit de diviser les

Grande Mosquée à Alger (cour des Ablutions).

tribus en khalifas ou provinces, Abd-el-Kader se montra aussi trop indifférent aux sympathies des populations et à leur attachement à leurs frontières naturelles : c'est ainsi qu'il arracha violemment de leur sol natal les Medjehers et les Bordjias, pour les disperser dans d'autres régions, où l'émir pensait qu'ils seraient moins exposés à se laisser séduire par les promesses de l'ennemi. Ces mesures arbitraires et l'augmentation des impôts le rendirent à la fin très impopulaire, et contribuèrent puissamment au triomphe définitif des armes françaises.

Trophée d'armes.

Cet état de choses dura jusqu'à la chute d'Abd-el-Kader, en 1847. La soumission du Sahel et du Tell suivit de près; mais ce ne fut qu'en 1857 que la Kabylie et une partie du Sahara furent conquises par les Français. Les noms de Cavaignac, Changarnier, Canrobert, Pélissier, Yussuf et celui de l'illustre Mac-Mahon *sont assez connus de ceux qui ont suivi l'histoire* de cette lutte acharnée, pour qu'il soit nécessaire d'en parler ici. L'Algérie une fois subjuguée, il fallut songer à la réorganiser. Les Français la partagèrent en trois provinces, sous un gouverneur général; et chaque province fut divisée en départements civils et militaires, qui furent subdivisés à leur tour en un certain nombre de cercles, d'après leur étendue et leur importance; on plaça ces cercles sous le commandement d'officiers d'état-major, qui devaient correspondre sans intermédiaire avec le ministre de la guerre et le gouverneur général. Jusqu'ici c'était chose facile; mais la grande difficulté, c'était de bien grouper les tribus. L'Arabe ne comprend la vie patriarcale qu'au sein de sa tribu, qui n'est autre chose que le développement naturel de la famille. Le nombre de per-

Soumission des derniers chefs arabes.

sonnes dont la tribu se compose varie considérablement, selon le caractère du chef, le degré de considération dont il jouit, le nombre des membres de sa famille, la quantité de tentes qui se sont mises sous sa protection et lui ont promis obéissance. La tente du chef (bit) est toujours le siège de l'autorité, tandis qu'un cercle de tentes (doura) est confié à un scheik, espèce de maire. La tribu entière est gouvernée par un caïd; plusieurs tribus réunies forment un aghalik, et plusieurs aghaliks, un khalifa.

Le gouvernement français résolut de respecter l'ordre de choses qui existait alors, et se réserva seulement une voix dans l'élection des caïds, qu'ils rendirent dès lors responsables de la soumission de leurs tribus respectives. Le jour de leur investiture, ils reçoivent des Français chacun un burnous, ainsi que le sceau officiel ; en échange, ils sont tenus d'offrir un cheval pour la cavalerie, en gage de vasselage, au lieu de la somme d'argent autrefois exigée par l'émir. A côté du caïd, il y a d'autres fonctionnaires assez importants : le khalifa, chef indigène, soldé par la France ; l'agha, qui exerce des fonctions militaires, sous les ordres immédiats de l'officier d'état-major qui gouverne le cercle, et le cadi (juge), choisi parmi les thalebs (sages), qui remplit l'office de tuteur ecclésiastique des orphelins et des mineurs de chaque tribu. Tous ces fonctionnaires sont placés sous la surveillance des bureaux arabes, qui sont établis sur tous les points du pays ayant quelque importance stratégique. Le chef du bureau arabe est le seul intermédiaire entre les indigènes et le gouvernement français : il doit non seulement posséder parfaitement les dialectes arabe et kabyle du district où il est placé ; il faut encore qu'il ait une connaissance approfondie des mœurs, des coutumes, des usages religieux, en un mot, des traits caractéristiques de chaque tribu. Son office, qui est d'une haute importance, consiste à surveiller les caïds et autres fonctionnaires arabes, à gagner leur confiance, si c'est possible ; sinon, il doit avertir sur-le-champ le gouvernement français des intentions hostiles ou des complots dont il pourrait avoir connaissance. C'est lui qui sert d'arbitre et décide dans toutes les querelles qui surviennent entre les indigènes et les Français. Il doit aussi se faire

Un caïd montant une rue à Alger.

une loi de parcourir continuellement le pays, se constituer le protecteur des opprimés, le redresseur des torts et des injustices. C'est encore lui qui est chargé de la répartition des impôts. Il doit aussi tenir dans ses bureaux un registre exact de tous les propriétaires ou fermiers établis dans la contrée, indiquer le produit de chaque terre, si on y élève du bétail, si on y récolte des céréales ou autres denrées, et cela de telle sorte qu'on puisse, en consultant ces registres, obtenir des statistiques très précises. Outre ces emplois responsables, le chef de bureau est encore chargé de solder les spahis, makhzen, askars et autres troupes irrégulières de cavalerie, dont il peut toujours disposer pour le service actif, lorsque l'occasion l'exige. Tous les petits bureaux arabes sont centralisés dans les chefs-lieux des provinces, c'est-à-dire à Constantine, Oran et Alger, et ils sont tous obligés d'envoyer leurs rapports au grand bureau central, attaché à l'état-major du gouverneur général de l'Algérie.

Rien ne paraît plus beau et plus parfait en théorie que ce système, au moyen duquel les tribus sont l'objet d'une surveillance rigoureuse, tandis que leurs besoins et leurs désirs particuliers sont transmis avec la plus grande exactitude à ceux qui les gouvernent. Malheureusement, les employés ne se montrent pas toujours dignes des fonctions délicates qu'ils exercent et de la confiance qu'on a en leur honorabilité. Dans maintes circonstances, ces personnes investies de pouvoirs sans limite se sont rendues coupables d'injustices criantes et de fraudes considérables. Aussi, pendant mon séjour en Algérie, les indigènes sentaient-ils vivement les inconvénients de ce système, et ne se faisaient-ils pas faute d'exprimer hautement leur mécontentement, et cela à un tel point que les hommes placés à la tête des affaires en vinrent à discuter sérieusement si on ne ferait pas acte de bonne politique en l'abandonnant tout à fait. Mais ils se trouvaient en présence de ce problème difficile : par quoi faudrait-il alors remplacer l'organisation actuelle? Il est absolument indispensable qu'il y ait des intermédiaires entre les deux races : or ni les préfets, chargés de l'administration civile ; ni les généraux, occupés du soin de l'armée, ne pouraient remplir des fonctions aussi délicates et aussi ardues, sans l'aide de collaborateurs.

Vautour dépeçant un chameau.

Quant aux finances du pays, c'est encore une question épineuse, que l'on ne pourra résoudre d'une manière satisfaisante que le jour où l'on trouvera des capitalistes qui voudront bien apporter leurs fonds dans la colonie, pour développer ses immenses ressources.

Les impôts arabes consistent principalement en ce qu'on appelle « aachouar », ou dîmes des récoltes (évaluées soit par la quantité semée, soit par l'apparence du grain sur pied) ; il y a aussi le « zikkat », espèce d'impôt foncier qui pèse également sur le bétail, au taux de 5 pour 100. Comme il était impossible de percevoir ces contributions dans les districts montagneux ou sur la frontière, le gouvernement français fit un compromis en établissant un tribut appelé « liezma ». La responsabilité de chaque tribu est parfaitement reconnue en matière d'impôt : ainsi, lorsqu'un délit flagrant a été commis, l'incendie d'un bois ou d'une ferme, par exemple (c'est presque toujours de cette façon que les Arabes manifestent leur hostilité), tous les camps ou douars de ce district sont condamnés à une forte amende, qu'on appelle « khétia ».

Toutes les ressources du pays ayant été dûment considérées, il faut avouer que leur produit est misérablement disproportionné à la dépense, qui comprend d'immenses établissements civils et militaires, les constructions de villages, d'églises, d'écoles, de routes, de ponts, enfin, de toutes les choses indispensables dans une nouvelle colonie.

Le parti radical en Algérie se donne le ton de se plaindre sans cesse et bien haut des dépenses occasionnées par le régime militaire de la colonie, et de lui attribuer le défaut de culture des terres et tous les autres maux que les colons français déplorent avec tant d'amertume. Quant à moi, je ne crois pas qu'il soit possible de maintenir la paix dans le pays sans l'aide de la force armée : car la nation arabe ne respecte aucunement la puissance civile. Le

Arabes tributaires venant acquitter leurs impôts en alfa.

comte Ernest de Stackelberg, dont j'ai déjà cité l'excellent mémoire à propos des Kabyles, écrit à ce sujet :

« Après avoir approfondi la question, je suis arrivé à la conclusion que les Français ne pourront se maintenir en Algérie qu'à l'aide d'une armée d'occupation considérable. Je dirai même que le chiffre actuel de cent mille hommes n'est pas trop élevé, mais que, pour les besoins de la cause, il représente l'état normal de l'élément militaire en Algérie ; et qu'on ne saurait sans danger réduire cette armée, à cause des raisons suivantes :

« Les Français occupent quarante-six villes ou stations

Vieux marabout converti en ambulance militaire.

militaires, sans compter les villages où des garnisons pourraient devenir nécessaires en cas d'insurrection. On ne saurait impunément supprimer quelques-uns de ces avant-postes militaires, parce qu'aux yeux des Arabes le seul fait de faire évacuer une station militaire par les troupes serait regardé comme une *défaite* ou une action inspirée par la *peur*.

« En outre, indépendamment de l'esprit indomptable des Kabyles, les Marocains, sur une frontière, et les Tunisiens, sur l'autre, fomentent constamment des insurrections en Algérie, au moyen des confraternités religieuses dont j'ai parlé précédemment. »

Le comte de Stackelberg continue :

« Bien que l'empereur du Maroc soit en très bonne intelligence avec les Français, son peuple ne partage point ses sentiments : les Marocains sont des fanatiques animés d'une haine implacable contre tous les chrétiens, et contre les Français en particulier.

« L'empire du Maroc est lui-même dans un état voisin de l'anarchie : l'autorité du souverain n'est plus guère respectée que dans les villes et sur le littoral. Au midi de Fez, les Berbères se sont rendus complètement indépendants, et le traité d'alliance conclu entre l'empereur et les Français lui a enlevé une bonne partie de l'estime et de la considération de ses sujets.

« Il s'agit donc de savoir si cette colonie vaut la peine qu'on la conserve, puisqu'elle exige une si vaste organisation militaire, qui entraîne annuellement un énorme déficit dans le budget. La réponse ne peut être qu'affirmative sur les richesses minérales et la fertilité incontestable du sol, et ceci nous ramène encore à la question de la colonisation. »

Le comte de Stackelberg continue :

« Personne, je pense, ne contestera la vérité de cet axiome, que, pour fonder une colonie, il faut des colons ; or c'est précisément ce qui manque à l'Algérie.

« Pour cultiver ce terrain d'une fertilité merveilleuse et le transformer en un paradis de richesses agricoles, on n'a guère envoyé jusqu'ici que des cabaretiers, des restaurateurs, des fabricants ruinés ou des chevaliers d'industrie. Le gouvernement s'est donné un mal inouï à créer des villages, à y installer des familles ; et, d'un autre côté, il a commis des bévues colossales. Il s'attendait à recueillir des fruits avant même d'en avoir jeté les semences ! Il greva d'impôts tous les articles de consommation au lieu de favoriser le libre échange, et organisa tout un système de douanes tellement vexatoire, que le commerce français fut complètement paralysé dans les ports du littoral. Il alla jusqu'à imposer aux nouveaux citoyens les exercices pénibles de la garde nationale, service bien superflu dans un

Village neuf.

pays occupé par des troupes régulières... Enfin, jusqu'à ce jour, les sommes énormes dépensées pour l'organisation de la jeune colonie l'ont été presque entièrement en pure perte. L'armée a construit des routes et des villages, dont les maisons sont gaies et propres; mais voilà tout. Les colons, qu'on a fait venir à grands frais, ont trouvé l'agriculture un travail pénible, opiniâtre, peu à leur goût, exigeant une année ou deux de labeur persévérant avant de produire quelque chose en retour — et ils y ont renoncé. Ils préférèrent se faire aubergistes, rôtisseurs, marchands de vin et de liqueurs spiritueuses, et sous-louèrent leurs concessions de terres à ces mêmes Arabes qui avaient été chassés pour leur faire place. Ce fait peut paraître incroyable; mais on m'a assuré que la seule récolte produite par ces colons se composait du foin qu'ils vendaient pour l'approvisionnement des chevaux de la cavalerie, — récolte qui ne leur donnait pas d'autre peine que celle d'être fauchée. »

Ce tableau sévère est presque aussi véridique aujourd'hui que lorsqu'il fut tracé (1847). On a cependant introduit un progrès, en diminuant les redevances du port et les impôts; mais, pour consolider une colonie naissante, trois choses sont indispensables : la sécurité, le capital et les bras, et c'est précisément ce qui fait plus ou moins défaut en Algérie. Pour rendre justice aux Français, il faut reconnaître qu'ils n'ont pas leurs pareils pour la construction des routes et des villes. Les premières sont le triomphe de l'art de l'ingénieur; les dernières sont propres, gaies et bien distribuées. Toutefois les habitations laissent quelque chose à désirer au point de vue de la solidité, et quelques-unes s'effondrent déjà. Je pense qu'on peut attribuer ce défaut à la rage de spéculation sur les bâtisses, qui avait gagné tout le monde, il y a quelques années, vu le prix élevé des loyers. On m'a parlé d'un homme qui avait fait construire une maison avec de l'argent emprunté à 50 pour 100, et il comptait que la location de cette habitation, pour une année seulement, le ferait rentrer dans son capital et ses intérêts, Comme on peut facilement se l'imaginer, l'offre de ces maisons excéda bientôt la demande; la guerre avec la Prusse éclata, le prix des loyers baissa rapidement, et l'on n'eut à enregistrer que des faillites coup sur coup.

La population européenne comprend environ 100 000 Italiens, Maltais, Espagnols et Mahonnais. Ces derniers sont les sujets les plus utiles de tous : ils sont laborieux, et s'adonnent surtout aux travaux du jardinage; ils font aussi de fort bons cochers. On rencontre peu de familles allemandes en Algérie : peut-être le climat ne leur est-il pas favorable; mais le fait est que les Allemands y réussissent moins bien qu'en Amérique, en Australie et dans d'autres colonies. C'est un très grand malheur pour l'Algérie qu'elle ait été envahie par des essaims d'aventuriers, de refugiés politiques, d'hommes déclassés, en un mot, et partant sans principes aucuns. Espérons qu'une ère nouvelle luira bientôt sur ce pays, grâce à l'émigration de tant de bons et honnêtes Alsaciens-Lorrains, et qu'ainsi la Providence fera servir le grand crime politique qui les a chassés de leur patrie à la régénération de cette belle colonie.

Les Alsaciens-Lorrains en Algérie.

En résumé, l'Algérie est un des plus beaux pays du monde ; elle possède un littoral de deux cents lieues, d'excellents ports, un sol fertile, un climat délicieux et des richesses minérales incalculables : malheureusement, le défaut de sécurité, le manque de capital et de bras, n'ont pas permis de les exploiter d'une manière avantageuse, jusqu'à présent du moins.

La France ne peut pas faire de l'Algérie une colonie purement militaire : ce serait contraire à sa forme de gouvernement et au caractère de la nation ; d'autre part, elle n'a pas encore pu en faire une colonie civile, parce qu'on ne peut pas y transporter tout d'un coup une race laborieuse et agricole, telle qu'il la faudrait pour défricher cet immense champ inculte. Le véritable agriculteur, le

Alger. — Rue de la Girafe.

paysan français, qui possède une petite propriété et un petit capital, ne songera jamais à quitter le département où il est né, où il vit content et heureux, pour aller s'épuiser de travail sous les rayons brûlants du soleil d'Afrique, et se voir en butte aux attaques constantes des

Arabes; même si l'espoir d'un gain élevé l'engageait à faire un coup d'essai et à tenter l'aventure, à coup sûr il n'y resterait pas. Jamais je ne suis entrée en conversation avec un colon français en Algérie, sans qu'il ait fait allusion à l'époque où il aurait gagné assez d'argent pour retourner dans sa « belle France ». Bien différents en cela de nos émigrés anglais, ils ne considèrent jamais la colonie comme leur patrie, et par conséquent se montrent assez indifférents à sa prospérité future et à son avenir.

Espérons toutefois que les malheurs de la France serviront à amener une ère de progrès dans la condition de ce beau pays, jadis le grenier de Rome et de l'Europe. Après tout, chaque colonie naissante rencontre des obstacles à son début, et il faut quelquefois une génération d'hommes tarés dans un pays nouvellement colonisé, pour y faire souche d'honnêtes gens.

CHAPITRE NEUVIÈME

TUNIS ET CARTHAGE

IX

TUNIS ET CARTHAGE

'était un jeudi saint, après l'office du matin à la cathédrale de Saint-Augustin, que nous montâmes en toute hâte sur le vapeur *le Sinaï*, des Messageries impériales, qui devait nous conduire à Tunis. S'il est pénible de quitter pour toujours même des choses qui nous sont indifférentes ou désagréables, à plus forte raison étions-nous vraiment affligées de dire un dernier adieu à cette colonie française, où nous avions été si heureuses pendant tout un hiver et un printemps, et dont les habitants nous avaient accueillies avec une bienveillance sincère et la plus charmante hospitalité.

Nos compagnons de traversée étaient de tous les pays : il y avait une famille irlandaise, fort nombreuse, qui voyageait dans l'espoir de rétablir la santé d'un fils aîné ; — un médecin français, habile et spirituel, qui avait fait le tour du monde et ne tarissait pas en anecdotes piquantes sur les contrées diverses qu'il avait parcourues ; — un Arabe, accompagné de sa fille, charmante enfant, qui allait rejoindre sa famille à Tripoli. Pour ma part, je ne sais rien d'aussi divertissant que cette société nombreuse et mélangée au milieu de laquelle on est jeté à bord d'un vaisseau, à condition toutefois que la mer ne soit pas trop mauvaise, pour qu'on puisse en jouir.

La soirée se passa sans incident. Le temps était propice. Nous côtoyâmes le cap Rosa jusqu'à la Calle, depuis longtemps renommée pour ses lacs, ses forêts de chênes-lièges et ses pêcheries de corail. Nous ne vîmes pas les pêcheurs à l'œuvre, mais le capitaine nous donna les détails suivants sur cette industrie. On taille un morceau de bois d'un pied de longueur, en forme de croix, au centre de laquelle on attache une grosse pierre, qui l'entraîne par son poids au fond de la mer ; des filets très solides, en chanvre, sont liés aux deux bras de la croix, que l'on maintient dans une position horizontale, au moyen d'une corde plongée dans la mer et dont on attache l'autre bout à un bateau de pêche. Lorsque les bateliers sentent que la croix a touché le fond de la mer, ils promènent leur embarcation en avant et en arrière sur les couches de corail, pendant que la lourde pierre détache le corail des rochers et le fait tomber dans les filets ; quelquefois il reste suspendu aux bras de la croix. Plus de deux cents barques sont ainsi employées en même temps (la moitié environ appartient à des Espagnols). La quantité de corail recueillie annuellement à la Calle produit à peu près 152,800 francs.

Après avoir doublé le cap Rosa, le ciel s'assombrit, le vent fraîchit considérablement, et nous essuyâmes un grain, qui ne fit qu'augmenter lorsque nous passâmes le cap Farina. Enfin, à trois heures du matin, nous jetâmes l'ancre dans le port de Goletta : nous espérions pouvoir débarquer avant que la mer fût trop grosse ; malheureusement, il pleuvait à torrents, et les domestiques du consul anglais ne se gênèrent nullement pour venir nous prendre. Aussi il était déjà six heures lorsque nous quittâmes le pont roulant du *Sinaï*, pour descendre, non sans peine, dans la chaloupe que le drogman du consul avait enfin amenée pour nous transporter à Goletta, où nous eûmes le temps d'être mouillées jusqu'aux os pendant qu'on nous faisait atteler une voiture[1]. Ce fut dans cet état pitoyable que nous fîmes un trajet de dix kilomètres environ, avant d'arriver à la demeure confortable et hospitalière du consul. Nous n'étions vraiment pas présentables quand nous fîmes notre entrée à Tunis ; mais l'accueil bienveillant de nos compatriotes et le bon feu auprès duquel nous séchâmes nos vêtements mouillés, nous firent bientôt oublier nos mésaventures. Comme c'était un vendredi saint, nous nous empressâmes de nous rendre à l'église des PP. capucins. L'auditoire, très nombreux, se composait principalement de Maltaises, drapées dans leurs « habbarahs » noirs[2]. On pouvait à peine respirer, tant la foule était compacte. Nous assistâmes à l'exercice des trois heures d'agonie. Dans une chapelle latérale se trouvait une représentation du Christ au tombeau, dont les pieds étaient baisés respectueusement par les fidèles présents, avant et après les Ténèbres.

---

1. Depuis que ce chapitre a été écrit, on a construit un chemin de fer qui va de Goletta à Tunis, et qui continue au Bardo et à Marsa.
(*Note de l'auteur.*)
2. Grande pièce d'étoffe dans laquelle s'enveloppent les femmes en Orient : ce qui leur donne l'air d'un paquet. (*Note du traducteur.*)

On ne peut rien imaginer de plus agréable que l'hôtel du consulat, où nous nous trouvâmes installées en peu de temps, grâce à l'amabilité de Mme Wood. Cette habitation, vaste et confortable, donne sur une petite place,

Un minaret pittoresque se dresse en cet endroit.

près de la porte de Goletta. Un minaret pittoresque se dresse en cet endroit, d'où l'on voit l'étroite ruelle qui conduit aux « sooks » (bazars), la place du marché toujours animée, et plus loin la magnifique baie de Tunis, avec de belles montagnes à l'horizon. Nous passions des heures pleines de charme, assises sur une grande galerie vitrée, d'où nous contemplions avec intérêt l'infinie variété de figures pittoresques qui circulaient sans cesse dans notre quartier.

Le lendemain matin, nous ne perdîmes pas de temps à aller visiter les « sooks », ces bazars merveilleux qui peuvent rivaliser avec ceux du Caire, de Damas et de Constantinople, s'ils ne les surpassent pas. Au centre même, s'élève une mosquée magnifique, dont les coupoles se voient à une fort grande distance. Mais il n'est permis à aucun

« infidèle » de fouler le seuil de ce sanctuaire, ni même de gravir les trois ou quatre marches qui conduisent au portail extérieur. On nous raconta à ce sujet l'histoire d'un pauvre Israélite dont la « shasheeah » (calotte rouge) avait été enlevée par méchanceté et jetée dans la cour de la mosquée par un jeune espiègle. Le malheureux s'était précipité hors de sa boutique pour aller ramasser son bonnet ; mais, avant qu'il pût atteindre l'endroit où il était tombé, les musulmans furieux quittèrent leurs bazars en un clin d'œil, se ruèrent sur lui et l'assassinèrent, pour venger le soi-disant sacrilège qu'il avait commis. Les Tunisiens sont tout ce qu'il y a de plus fanatique au monde; et, dans l'intérieur du pays, la protection la plus puissante sert à peine à mettre un chrétien à l'abri des mauvais traitements. Mais revenons à nos bazars.

Sous ces cloîtres aux colonnes peintes de diverses couleurs, ainsi qu'au-dessus des arcades, on aperçoit des ran-

Arabes promenant un lion aveugle.

gées d'échoppes, où des hommes assis sur leurs talons sont occupés, les uns à tisser et à broder des écharpes et des étoffes précieuses; les autres, à l'industrie du cuir; ceux-ci fabriquent des haïks, des burnous, des soieries; ceux-là, des draps de toutes les couleurs, — vert d'eau, — rouge piment, — feuille de rose, — primevère : — en un mot, des nuances exquises, qui réjouiraient l'œil d'un peintre, mais que l'on chercherait inutilement dans les meilleurs magasins des capitales de l'Europe. Notre première emplette fut un échantillon d'une des fabriques les plus renommées de Tunis, c'est-à-dire de ces « shasheeahs » ou calottes rouges, coiffure ordinaire du pays, que l'on teint avec une préparation d'écarlate et d'alun, dans la fontaine de Zou-

van (à treize lieues de Tunis), dont les eaux ont la propriété de donner aux objets qu'on y plonge une couleur inaltérable. Les calottes sont mises sur la forme et doublées dans les « sooks »; on y ajoute ensuite un gland

bleu, fait avec de la soie de Constantinople, et on les vend au poids: les plus ordinaires valent 36 francs; les plus belles coûtent plus cher, mais aussi elles durent toute la vie. Vis-à-vis du magasin de calottes rouges était installé un marchand d'encens et de « parfums d'Arabie », auquel j'achetai un petit flacon d'essence de jasmin; mais, bien qu'il fût cacheté, le parfum subtil s'échappa bientôt. J'essayai aussi de divers encens, et je donnai la préférence à une substance exquise appelée Jowy Meccawy, qui vient de la Mecque : on dirait, à la voir, un fragment de caillou

brun recouvert de spath blanc; cet encens-là coûte environ 2 fr. 40 la livre. Nous ne pûmes résister à la tentation d'acheter plusieurs articles de soieries au bazar des étoffes. Nous trouvâmes ensuite celui des cuirs et des maroquins, pourvu d'un assortiment considérable de chaus-

sures de toute espèce, d'articles de sellerie, de caparaçons, de harnais, de gibecières, de blagues à tabac, de sacs, etc. Tous ces objets sont brodés d'or et de soie; quelques-uns sont merveilleusement ornés, et tous parfaitement confectionnés. En sortant de ce bazar, nous allâmes nous promener un peu hors de la ville, auprès d'une belle fontaine, alimentée par les eaux du mont Zaghwan, qui est bien ce qu'il y a de plus caractéristique dans le paysage des environs de Tunis ; mais le soleil était si ardent, que nous dûmes regagner bien vite l'ombre protectrice des « sooks ».

Nous désirions beaucoup visiter les galeries d'orfèvrerie et de bijouterie, qui sont, comme au Caire, plus sombres et plus étroites que les autres ; malheureusement, les plus beaux magasins, ceux des Juifs, étaient fermés à l'occasion de leur fête de la Pâque. Pour nous dédommager de ce contretemps, Tobie, le drogman du consulat anglais, nous promit de nous procurer des échantillons de leur savoir-faire, et il tint parole.

L'après-midi, Mme Wood nous conduisit à la campagne dans sa voiture. Nous passâmes sous un superbe aqueduc antique, tout près du Bardo ou palais du bey, pour aller rendre visite à une princesse mauresque de ses amies.

La mère de la princesse X..., femme à l'aspect digne et vénérable, aux traits réguliers, à la physionomie mélancolique, avait auprès d'elle ses deux belles-filles, assises sur un divan, et ses trois charmants petits-enfants. Ces dames portaient toutes le costume mauresque : une chemise de gaze ; une veste de soie, fort courte, appelée « jubba », d'une nuance délicieuse de vert, rose, jaune ou mauve ; un pantalon collant, et une coiffure en forme de croissant, dans laquelle on ramasse la chevelure ; on la place en arrière de la tête, et l'on enroule autour de cet édifice un mouchoir très voyant, ordinairement rayé de fils d'or, tandis qu'une écharpe de gaze retombe sur le cou et les épaules.

Ce costume sied admirablement aux enfants, mais nullement aux femmes ; la « jubba », qui ne descend

Monts Zaghwan. — Reste des constructions romaines.

que jusqu'à la ceinture, est d'un effet disgracieux.

Dans la partie du palais réservée aux hommes, nous vîmes le mari de la princesse X..., beau vieillard à cheveux blancs et avec une tête que le Titien ou Rembrandt auraient reproduite avec bonheur; son petit-fils, charmant enfant de neuf ans, était auprès de lui. Mais il ne m'est pas permis de raconter leurs malheurs.

Après avoir pris congé de cette famille infortunée, nous visitâmes une autre maison de campagne, dont le vestibule d'entrée était revêtu de ce stuc appelé par les Maures « mukseh-hadeedah ».

Voici comment on le fabrique : on enduit la muraille d'une couche épaisse de plâtre; quand il est à peu près sec, l'ouvrier trace des arabesques sur la surface, et en découpe certaines parties avec un couteau tranchant; ce plâtre se durcit bientôt, et offre l'aspect d'une belle dentelle de marbre blanc. Mme Wood m'apprit que ce genre de travail est d'une exécution très prompte; certainement le résultat en est d'une beauté merveilleuse. Cette maison-là appartenait à une aimable jeune princesse, récemment décédée, de sorte qu'on nous permit de voir toutes les pièces, dont les portes, les armoires et les plafonds étaient admirablement sculptés; mais, en dépit de tout ce luxe oriental, cette habitation me faisait l'effet d'une cage dorée, et je ne me trompais pas. Dans la Tunisie, les femmes sortent à peine, même pour aller à la mosquée, et encore plus rarement pour visiter leurs parents : dans ces occasions, elles s'enferment dans une voiture dont tous les stores sont baissés; et jusque dans les villages que nous traversâmes, nous remarquâmes que même les paysannes étaient invisibles.

Intérieur d'une maison mauresque.

Les maisons de ce pays sont toutes construites à la mode mauresque, avec des cours, des colonnades de marbre, des arcades, des galeries. Les soubassements sont revêtus de ces « azulejos » brillants, aux vives couleurs, dont j'ai déjà parlé plus d'une fois, et que l'on retrouve partout où les Maures ont laissé des traces de leur passage. Attenant au palais, il y a un de ces immenses jardins de roses si renommés dans ce pays, et qui rapportent un profit considérable aux fabricants d'essence de rose établis à Tunis.

Nous nous croisâmes sur la route avec d'interminables files de chameaux, la bête de somme universelle de cette région, et que l'on traite mieux que les pauvres ânes et les mulets, précisément parce qu'elle est bien plus utile. Les Tunisiens ont un usage bizarre, celui de teindre la queue et trois des jambes de leurs chevaux d'attelage (lorsqu'ils sont blancs) d'un jaune orange vif, que l'on tire du « henné ». Cela produit un effet des plus singuliers. Lorsque je demandai pourquoi l'on ne teignait pas les quatre jambes de l'animal, on me répondit que cela porterait malheur[1].

Comme c'était le samedi saint, on fit de fortes décharges d'artillerie lorsque les cloches sonnèrent au *Gloria in excelsis;* et cela si près de l'église, qu'on eût pu facilement croire qu'on allait la bombarder. La piété des catholiques de ce pays est féconde et démonstrative, comme chez tous les peuples méridionaux.

Le jour de Pâques, après l'office, j'allai rendre visite au père gardien des capucins, vieillard vénérable, d'une extrême bienveillance, qui me présenta à l'évêque. Ce

---

1. On voit par là que le nombre mystique de trois est aussi en honneur chez les musulmans. (*Note du traducteur.*)

bon religieux, qui était Français, me montra une *Histoire* manuscrite qu'il avait composée, et qui contenait toute l'histoire de la mission de son ordre en Tunisie depuis

Un fils de Saint-François en Tunisie en 1881.

sa fondation par le patriarche saint François d'Assise, en 1219. A partir de cette époque, les fils de Saint-François se sont toujours maintenus dans ce pays sans interruption; ils ont ouvert des écoles et construit des églises dans toutes les villes de la Régence, et le fanatisme musulman seul met obstacle aux conversions au catholicisme, qui autrement seraient très nombreuses.

Peu de temps avant mon arrivée, un jeune Maure s'était fait naturaliser sujet piémontais, et avait reçu le baptême secrètement, ainsi que sa fiancée. Le jeune couple avait fait tous ses préparatifs de départ, et devait aller s'établir à Malte; mais, au dernier moment, ils furent trahis, traînés devant le bey et mis à mort avant que le consul de Sardaigne eût pu intervenir en leur faveur : le jeune homme fut étranglé; et la pauvre jeune fille, cousue dans un sac et jetée à la mer. Assurément il faut être animé d'une foi et d'un courage héroïques pour embrasser le christianisme dans ce pays barbare.

Les sœurs de Saint-Joseph-de-l'Apparition (mes anciennes connaissances de Jérusalem) sont à la tête d'un grand orphelinat, ainsi que d'un externat et d'un hôpital ; elles sont au nombre de dix-neuf. Il est très regrettable que leur couvent soit si petit, car elles doivent beaucoup souffrir de la chaleur en été.

Dans le courant de la journée, nous retournâmes à la campagne avec Mme Wood, désireuse de nous présenter à l'une des premières familles de Tunis, qui possède un palais non loin de la ville et qui se nomme Sidi-Hammeda-ben-Ayat[1]. Cette habitation ne différait en rien des villas mauresques que nous avions déjà vues : toujours les mêmes cours, des colonnades et de vastes escaliers, etc. Mais lorsqu'on nous fit entrer dans le grand salon, nous pouvions à peine croire que nous avions sous les yeux une scène de la vie réelle. Il y avait là une foule de femmes, d'enfants et d'esclaves, toutes vêtues du costume particulier dont j'ai parlé précédemment. Nous fûmes à moitié

Lampe ou poterie verte (Tunis)

éblouies par les riches couleurs des étoffes et l'éclat des bijoux. Elles portaient une coiffure noire pointue, appelée « cufier », d'où pendaient sept barbes brodées, nommées « hiaout » ; une écharpe voyante, le « shorbat », était enroulée autour de leur tête, ainsi qu'un mouchoir de gaze, le « beshkir » ; par-dessus leur chemise de gaze elles avaient une délicieuse « jubba », ou veste de soie d'une extrême finesse et d'une nuance exquise, verte, rose, jaune ou mauve, etc., un pantalon collant en étoffe

---

[1]. Dans l'Orient, le « Sidi » équivaut à notre titre de seigneur, et « Lilli » à celui de madame, porté par une femme de haut rang.

brochée d'or et d'argent ; elles étaient chaussées de bas de même tissu et de pantoufles dorées. L'une de ces dames, pour nous faire plaisir, passa un costume complet de brocart d'argent orné de broderies, qui devait être affreusement gênant à porter, à cause de sa pesanteur ; mais il est vrai qu'elles ne sortent guère que pour aller dans leurs jardins : elles jettent alors sur leurs épaules un « suf-sary » ou gandoura blanc extrêmement léger. Les enfants avaient autour de la tête des chaînes d'or, garnies de cercles de ce métal entrelacés, et les bijoux appelés la « main de Mahomet » et le « sceau de Salomon », attachés d'un côté et pendant sur l'oreille. Il n'y avait pas jusqu'aux négresses

qui n'eussent des bracelets précieux et des vestes de soie rayées de rouge et de jaune, qui contrastaient agréablement avec leur peau d'un noir d'ébène. Les petits enfants étaient ravissants, et deux des jeunes filles de la maison eussent été des beautés sans leur embonpoint énorme ; ce fut du moins notre avis : elles avaient de grands yeux fendus en amande, des sourcils bien arqués, les cheveux noirs et un teint éclatant de fraîcheur. Je dois ajouter que le costume féminin que je viens de décrire, n'est ni gracieux ni convenable, et que, dans une réunion nombreuse, il est positivement indécent ; des femmes vêtues de cette façon ne sauraient paraître en public : aussi ne doit-on pas oublier qu'elles ne quittent jamais leur harem, et que les robes, jupes et jupons leur sont tout à fait inconnus. Nous eûmes le regret de ne pas pouvoir causer avec nos

Intérieur tunisien. — Femme de haut rang.

aimables hôtesses, qui ne parlaient que l'arabe ; heureusement que Mme Wood et Mme Green (femme du vice-consul) suppléèrent à notre ignorance de cette langue, et se firent nos interprètes : leur long séjour dans ce pays leur a procuré l'avantage de parler arabe avec élégance et facilité.

Le lendemain matin nous réservait le plaisir d'une excursion en pleine campagne pour assister à une chasse à courre. Des Arabes tenaient en laisse des lévriers assez semblables à ceux dont on se sert en Écosse pour courir le cerf; on emploie aussi des faucons dans ce genre de « sport », et ils prennent le chacal tout comme le lièvre. Nous choisîmes comme rendez-vous de chasse un ancien palais des beys de Tunis, appelé « M'Hammed-Dieh », édifice superbe, bâti depuis quelques années seulement, aujourd'hui complètement abandonné et tombant en ruine. Les beys sont très superstitieux, et ne voudraient pour rien au monde habiter un palais où est mort un de leurs prédécesseurs : de sorte que chaque bey se fait construire une nouvelle habitation et la meuble somptueusement, sans s'inquiéter de la dépense ; et si malheureusement il y meurt, le palais est à l'instant même déserté, ainsi que les dépendances, qui sont toujours considérables dans une installation orientale. A M'Hammed-Dieh, tous les bâtiments, y compris le harem, formaient une ville entière, entourée de hautes murailles, qui est aujourd'hui recouverte de mousse, et dans un état de délabrement complet.

Nous pénétrâmes, non sans peine, dans le grand vestibule d'entrée. En voyant ce magnifique escalier en ruine, ces meubles précieux brisés, nous ne pouvions nous empêcher de regretter les folles dépenses et l'abandon cruel dont ce palais avait été l'objet. Nous allâmes faire notre déjeuner champêtre à l'ombre du harem, au milieu de décombres magnifiques, de tronçons de marbre et « d'azu-

lejos », qui jonchaient le sol de tous côtés. Quelques Arabes affamés, suivis de leurs enfants, nous entourèrent bientôt pour nous vendre des perdreaux rouges vivants. Ils habitaient de misérables gourbis, dans la grande cour, où l'herbe poussait comme dans un pré.

Nous avions devant nous un point de vue magnifique sur le lac Salé et les montagnes de Djebel-Resas, où l'on trouve du plomb; non loin de nous se voyait un de ces puits à roue si pittoresques que l'on ne rencontre que dans ce pays, et que l'on dit dater du temps des Romains. La vaste plaine que nous venions de traverser, était couverte de colonnes, de chapiteaux brisés, de tombeaux, tandis qu'un aqueduc, jadis restauré par les Espagnols (pareil à ceux qui sont si nombreux dans la campagne de Rome), se dessinait nettement sur l'horizon. Bientôt les deux charmantes filles de Mme Wood arrivèrent au galop, suivies des chasseurs. On n'avait pas tué de lièvre, mais on avait pris un chacal, qui s'en était vengé en déchirant un des chiens d'une façon si terrible, que nous remportâmes la pauvre bête dans une des voitures. La chaleur avait été si forte pendant cette partie de plaisir, que Mary fut obligée de se mettre au lit à son retour. Pendant son indisposition, qui dura plusieurs jours, elle fut comblée de soins bienveillants par nos aimables hôtes, qui la traitèrent comme une de leurs propres enfants.

Un pique-nique au Belvédère, joli bosquet d'oliviers planté sur un mamelon qui domine la ville, fut toute ma distraction du lendemain; mais j'en trouvai suffisamment à regarder par la fenêtre de ma chambre la place du Marché, avec ses vendeurs et ses acheteurs affairés, et les groupes de chameaux agenouillés, qui grognaient ordinairement à l'unisson.

Le jour suivant, nous étions invitées à dîner chez les Ben-Ayat, auxquels nous avions été présentées quelques jours auparavant. Le repas fut interminable, les mets variés; mais on ne servit pas de vin, la loi de Mahomet ne permettant pas aux femmes l'usage de cette boisson. Ensuite la voiture nous conduisit à la villa de la fille aînée de Sidi-ben-Ayat, habitation où l'on trouve le luxe d'ameublement français réuni au « confort » anglais. Le mari de cette dame, qui avait beaucoup habité Paris et parle français couramment, nous cueillit un magnifique bouquet de roses, de géraniums, de jasmin du Cap et d'autres fleurs de son jardin, une merveille.

Quelques jours après, nous nous mîmes en route par une matinée superbe, pour aller visiter les ruines de Car-

Mausolée et chapelle élevés au lieu même où saint Louis rendit le dernier soupir.

thage et le monument érigé à la mémoire de saint Louis. De longues files de chameaux marchaient à pas lents à côté de notre voiture, et des rangs de flamants roses se tenaient immobiles sur leurs longs pieds ou voletaient sur le sable du rivage. Après un trajet d'une heure sur la route de Goletta, on tourne à gauche et l'on gravit une colline, au sommet de laquelle s'élève l'ancienne Byrsa, récemment cédée au gouvernement français. C'est là, au milieu d'un grand jardin entouré de hautes murailles et renfermant toute une collection de colonnes, de chapiteaux, de torses et de mosaïques recueillis dans les environs, et sur une terrasse donnant sur la mer, que l'on a construit un mausolée et une chapelle, au lieu même où saint Louis rendit le dernier soupir. Chose étrange! les musulmans ont une si grande vénération pour ce saint monarque (qu'ils nomment Sidi-ben-Saed), qu'ils viennent aussi fréquemment à Byrsa en pèlerinage.

De cette terrasse l'œil embrasse un panorama magnifique de Goletta et des ruines de Carthage, avec la Méditerranée aux flots d'azur à l'horizon. C'est ici que, le 25 août 1270, saint Louis mourut. Il fut pleuré non seulement de sa famille et de son peuple, mais de l'Europe entière. C'est ici qu'il donna à son fils aîné[1] ces instructions empreintes d'une si profonde sagesse, dont on conserve une copie à la bibliothèque des Archives de Paris. Sa charité, son humilité, sa parfaite résignation, augmentèrent encore à ses derniers moments. Il expira en prononçant ces paroles du Psalmiste : « Seigneur, j'en-
« trerai dans votre maison, je vous adorerai dans votre
« saint temple et je glorifierai votre nom. » Puis son

---

1. Philippe III le Hardi, qui revint en France rapportant avec lui les cercueils d'Isabelle d'Aragon, son épouse; de son frère Tristan, né à Damiette, et de son père saint Louis, dont les restes furent d'abord déposés à Notre-Dame de Paris. Plus tard, Philippe III les porta sur ses épaules jusqu'à la basilique de Saint-Denis. (*Note du traducteur.*)

âme pure et sainte échangea cette vie mortelle pour celle du ciel.

La bonne concierge de la chapelle me donna un morceau de marbre qu'elle avait trouvé dans cet endroit, et me parla avec bonheur du grand nombre de Français qui viennent, chaque année, en pèlerinage à ce sanctuaire, prier pour leur patrie. La paix avec la France n'était pas encore signée, et la brave femme me disait : « Ah ! notre « pauvre France est bien malheureuse ! il faut bien que « le Saint nous vienne en aide. »

Ruines de Carthage. — Les réservoirs.

De Byrsa nous allâmes voir les ruines de Carthage, et, en premier lieu, les réservoirs, parfaitement conservés : c'est une énorme construction oblongue, en briques, formant une série de voûtes, qui contiennent dix-huit réservoirs, de quatre-vingt-trois pieds de longueur, sur dix-neuf de largeur, et vingt-sept pieds six pouces de profondeur. On en a déblayé quelques-uns, qui sont remplis d'eau. On voit encore des escaliers qui conduisent à ce que je m'imagine avoir été jadis des cabinets de bains pratiqués dans la muraille. Ces réservoirs communiquent avec d'autres encore plus considérables, ainsi qu'avec le grand aqueduc. Une ancienne voie romaine, pavée en mosaïque, nous amena aux ruines d'un temple, que nous traversâmes en trébuchant sur les décombres enfouis dans de hautes herbes. Quant au port si célèbre de Carthage, son emplacement est marqué par d'énormes constructions de maçonnerie et de marbre.

Nous errâmes quelque temps sur la plage, parmi des blocs gigantesques de pierre couchés de diverses façons, des plinthes de marbre, des frises et des chapiteaux brisés, qui nous rappelaient le passé glorieux de cette orgueilleuse cité, tandis que mes pensées se reportaient sur sainte Monique, car c'était là qu'elle avait suivi avec des yeux obscurcis par les larmes le vaisseau qui emmenait son Augustin loin d'elle.

Toute cette partie de la côte jusqu'à Goletta est parsemée de villas et d'habitations balnéaires pour le bey et ses ministres. Je ne conçois pas en effet de séjour plus délicieux en été que cette belle plage sablonneuse, émaillée de jolis coquillages, ombragée par d'énormes falaises et baignée par cette mer azurée, sans parler des souvenirs intéressants du passé. Le grand bonheur des enfants de Mme Wood consiste à venir de leur château de Marsa passer une journée ici, et en cela ils font preuve de bon goût. Les ruines d'un temple célèbre dédié à Esculape cou-

Jamais on ne se lasse de contempler ce beau rivage et cette mer étincelante.

ronnent une colline d'où l'on jouit d'un magnifique coup d'œil. Jamais on ne se lasse de contempler ce beau rivage, que bornent de hautes montagnes, et cette mer étincelante.

Laissant un fort mauresque derrière nous, nous entrâmes à « Magaria », ancien faubourg de Carthage, auprès duquel s'élève le village arabe de Malakah, bâti sur l'emplacement des grands réservoirs, entièrement comblés aujourd'hui, qui communiquaient autrefois avec les dix-huit que nous avons visités. Ils ont deux cents pieds de longueur et sont également voûtés ; ils forment évidemment l'extrémité du grand aqueduc qui apportait à Carthage l'eau de source des monts Zaghwan. Ici encore, sur un espace de plus de seize lieues, on traverse un labyrinthe de ruines, avec quelques arches parfaitement conservées çà et là. On a découvert récemment, près de la maison de campagne de Mme Wood, une fort belle mosaïque représentant un lion qui met un cheval en pièces. On ne peut vraiment gratter le sol sans déterrer des marbres et des mosaïques ; mais le gouvernement, jaloux de ses droits, ne permet pas qu'on ouvre des fouilles particulières : un pauvre diable qui s'était avisé de découvrir une mosaïque superbe, fut condamné, pour sa récompense, à une sévère bastonnade.

La chaleur nous força enfin de quitter ces lieux pour prendre la route de Marsa, palais d'été du consul anglais. C'est un bel édifice, entouré de palmiers et de cyprès, et dont les cloîtres sont revêtus de ce stuc ou « mukseh hadeedah » qui excitait si fort mon admiration. Au bout du magnifique jardin, il y a un pittoresque « naoura » ou puits, dont un chameau faisait tourner la roue, et une tour d'où l'on embrasse une vue très étendue sur les environs. Nous fîmes la sieste après le déjeuner; et, la chaleur étant devenue supportable, nous allâmes rendre visite à une nièce du bey, qui était à la veille de son mariage, et qui habitait un palais à environ un kilomètre de Marsa. On était très affairé dans la grande cour, que l'on disposait pour une

On se disposait pour une fantasia.

« fantasia » ou exercices équestres, qui devaient avoir lieu le lendemain et qui faisaient partie du programme de la fête. La princesse, mère de la fiancée, nous reçut dans un salon à alcôve, pavé de marbre et garni de divans; et, après qu'on nous eut offert le café et les confitures d'usage, on nous fit passer dans une autre pièce, où le trousseau et les cadeaux de noce étaient étalés avec goût : c'était vraiment une exposition magnifique, qui surpassait tout ce que j'avais pu imaginer. Aucun trousseau européen n'aurait pu soutenir la comparaison avec celui-ci, soit pour la richesse et la variété des étoffes, soit pour la beauté des nuances et la finesse des broderies. On nous conduisit ensuite à l'étage supérieur, où l'on était en train de préparer des mets qui devaient figurer au festin nuptial: gâteaux de toute espèce, biscuits, pistaches, amandes, bonbons, fruits confits; et cela en si grande abondance, qu'il nous semblait que la société la plus nombreuse ne pourrait jamais venir à bout d'en consommer la dixième partie. Dans le « patio » ou cour intérieure, on nous régala d'un concert arabe donné par une trentaine des plus jolies esclaves du palais, toutes magnifiquement vêtues. Elles exécutèrent ensuite (toujours à notre intention) les danses les plus extraordinaires, se tortillant de telle sorte

qu'on eût pu croire que l'estomac de la danseuse était indépendant du reste de son corps; puis, à notre profonde surprise, cet exercice se termina par une série de culbutes dignes des petits saute-ruisseau de nos grandes villes. Quant à la fiancée, il ne nous fut pas donné de l'apercevoir, parce que l'étiquette musulmane exige qu'elle se renferme pendant les sept jours qui précèdent son mariage, et qu'elle soit invisible à tout le monde, même à son propre père.

Ce soir-là les femmes étaient très occupées : il s'agissait de préparer le « henné », poudre végétale avec laquelle, à la veille de toutes les fêtes importantes, il est d'usage que les femmes se teignent les ongles des doigts et des orteils d'un jaune orange vif. Je regrettai beaucoup que notre prochain départ ne nous permît pas d'assister à toutes les cérémonies du mariage, car ce doit être comme une scène des *Mille et une Nuits*. Il ne faut pas cependant se faire illusion : le sort des femmes de ce pays est vraiment déplorable ; elles ne connaissent d'autres occupations que de se baigner, s'habiller, fumer et manger ; c'est à peine si l'on en rencontre une qui sache lire ou écrire : aussi le temps leur pèse-t-il énormément, et le plus grand service que l'on puisse rendre à ces pauvres créatures, c'est de leur faire des visites, afin de les aider à tuer une ou deux de ces heures dont elles ne savent que faire. Elles sont dans une ignorance profonde de leur religion ; mais il nous fut bien difficile de déterminer ce qu'elles pensent sur quelque sujet que ce soit, attendu que nous étions toujours obligées dans nos conversations de nous servir d'un trucheman. Quant à leur beauté, elle est vraiment remarquable : la princesse mère de la nièce du bey avait entre autres une physionomie noble et une distinction extrême, qui n'auraient point déparé une cour européenne ; sa belle-sœur, femme d'un autre bey, était aussi fort belle et surchargée de bijoux superbes.

Le palais de Goletta n'a rien d'intéressant ; mais en revanche le bey possède aux portes de Tunis une habitation princière, le « Bardo », où l'on admire un bel escalier de marbre, flanqué de huit lions également de marbre; les cloîtres et les plafonds sont revêtus de ce stuc si original dont j'ai déjà parlé, et les arcades sont composées de marbre blanc et noir. Dans la salle du trône, on a placé les portraits en pied de toutes les têtes couronnées de l'Europe, à l'exception toutefois de celui de notre reine Victoria, qui, en retour des magnifiques présents envoyés par le bey, lui a expédié une petite gravure très ordinaire, représentant sa royale personne, à la grande mortification du consul d'Angleterre, et je puis ajouter, de tous les Anglais qui visitent Tunis. Nous espérons que cette erreur ne tardera pas à être réparée, et que notre bien-aimée souveraine figurera bientôt dignement (en peinture) au milieu des autres potentats de l'Europe.

Notre séjour à Tunis touchait à sa fin, et notre bonheur eût été parfait sans les moustiques. En vain nous nous entourions des précautions les plus minutieuses, en vain nous examinions chaque soir régulièrement nos moustiquaires, c'était en vain que notre fidèle négresse « Fatima » faisait force fumigations de poudre insecticide : rien ne réussissait à chasser nos persécuteurs acharnés, qui faisaient de nos nuits un long martyre, non seulement par leurs piqûres douloureuses, mais aussi par le bourdonnement incessant et agaçant qui troublait nos rares instants de sommeil. Le seul bon côté de la chose, c'est que nos bourreaux, que nous retrouvions partout, nous forçaient à nous lever de bonne heure : rien n'était plus délicieux que d'ouvrir sa fenêtre, de contempler le magnifique soleil d'Afrique versant des torrents de lumière sur le sommet des montagnes, le lac et les forts bâtis sur les rives. Le paysage, d'abord noyé dans les lueurs empour-

Tunis. — Bazars faisant face à ma fenêtre.

prées, paraissait ensuite plongé dans des flots d'or ; puis, à mesure que l'astre du jour s'élevait dans les cieux, peu à peu le mouvement se faisait sur la place du Marché, un bruit qui devenait si étourdissant, qu'on eût pu croire qu'une émeute allait éclater et qu'on allait voir arriver la force armée : des centaines de Maures étaient là réunis, marchandant, gesticulant, criant à tue-tête ; le braiment des mulets et les grognements des chameaux grossissaient le concert, auquel venait s'ajouter le caquetage des malheureuses poules que, sans égard pour leurs souffrances, on liait la tête en bas, et qu'on jetait ensuite brutalement sur les ânes. Puis le vacarme diminuait tout doucement, les conducteurs de chameaux emmenaient leurs bêtes, et l'on voyait poindre bon nombre de personnes vêtues de noir se rendant à la première messe dans la vieille cathédrale.

Nous voulûmes faire une dernière visite aux bazars en compagnie de notre fidèle guide, Tobie, le drogman du consulat (mort depuis, hélas!), dont nous avions tant à louer l'intelligence et la probité, et qui nous avait procuré presque toutes les curiosités et précieuses étoffes que nous remportions avec nous de ce pays où l'on est si amateur des couleurs éclatantes. Cette fois-ci nos emplettes se bornèrent à des articles de poterie indigène, entre autres une merveilleuse lampe très haute, propre à être posée sur le parquet, un tam-tam, et un encensoir aussi de poterie verte, et qui, bien que d'un prix très minime, avait une forme des plus gracieuses.

Dans la soirée nous allâmes en voiture à la promenade publique, fréquentée par la noblesse et les gens à la mode, et nous rendîmes visite à la femme et aux sœurs de Tobie, toutes richement vêtues à la mauresque. Elles nous firent cadeau d'une provision de dattes délicieuses pour notre voyage. Puis vint le triste moment des adieux. Après avoir pris congé à regret des personnes qui nous avaient témoigné tant de bienveillance, nous remontâmes dans la voiture, qui nous conduisit à Goletta. A cinq heures et demie notre barque passait sous les croisées du harem et du palais du bey, et nous amenait auprès du steamer *Milano*, qui avait déjà levé l'ancre et allait donner le signal du départ. A six heures, assises sur le pont, nous contemplions avec tristesse les côtes d'Afrique, qui allaient bientôt disparaître à nos regards ; nous ne pouvions les détacher de cette terre où nous avions passé quatre mois remplis de jouissances exquises, au sein de ses nationalités diverses. Bientôt nous aperçûmes les rives de la Sicile; et, après avoir côtoyé Marsala et Trapani, nous débarquâmes à Palerme. Nous avions eu une belle traversée de quarante-cinq heures, qui n'avait été marquée par aucun incident.

SOMMAIRES DES CHAPITRES

CHAPITRE PREMIER

ORAN ET TLEMCEN

Origine de la race arabe. — Division de l'Algérie en quatre zones 4
Arrivée à Gibraltar. 6
Nemours. 8
Port d'Oran 12
Cathédrale de Saint-Louis. 12
Mosquée de Sidi-el-Haouri. 15
Légendes musulmanes. 15
Santa-Cruz. 17
Sources thermales de la princesse Jeanne. 17
Village de Saint-André 18
Mers-el-Kebir. 19
La famine de 1867. — Tentes dressées pour recueillir les petits Arabes affamés. 21
Mosquée de Sidi-bou-Meddin. . . . 24
Légende d'El-Haloui, patron de Tlemcen. 29
Mosquée de Djama-Kebir. 32
Ruines d'El-Mansourah 33
Établissements catholiques à Tlemcen 36
Les sœurs de la Doctrine chrétienne et les frères y instruisent des multitudes d'enfants. 37
Le gouvernement civil tente de chasser les frères et les sœurs des écoles chrétiennes 37
Cascades d'el-Ourit. 58
Les spahis. 59
Les orphelinats arabes de Misserghin fondés par les évêques d'Alger. . 42

CHAPITRE DEUXIÈME

MILIANAH, TENIET-EL-HAD ET BLIDAH

Orléansville. — La basilique de saint Reparatus. — Inscription constatant la pose de la première pierre en 325. 46
Plaine du Chéliff. 47
Milianah. 48
Teniet. 55
Établissement des sœurs de la Doctrine chrétienne à Teniet. 58
Forêt de cèdres de Teniet-el-Had. . 61
Les deux chaînes de l'Atlas. . . . 62
Tente de Bédouin. 65
Les gorges de la Chiffa et le Bois Sacré. 70
Les oliviers contemporains de ceux de Gethsémani. — La vallée des Singes 72
Blidah et ses bosquets d'orangers. . 75

CHAPITRE TROISIÈME

ALGER

La ville française. — La ville arabe. 81
Troubles à Alger. 82
Cathédrale d'Alger 83
L'Archevêché 83
Maisons de campagne à Mustapha-Supérieur. 84
Kasbah. — Musée. — Bibliothèque. 85
Jardin d'essai 88
Grand séminaire. 89
Une noce juive à Alger 90
Mosquées d'Alger. 95
Mosquée de Sidi-Abder-Rahman . . 96
Excursions dans les environs d'Alger 100
Sacrifice des négresses. 103
Soulèvement des Arabes contre les Juifs. 105
Fête de l'Aïssaoua. 108
Costumes divers. 111
Chef de la tribu des Haractas exerçant son autorité. 112
Costumes et intérieurs mauresques. 114
L'éducation et la civilisation des petits Arabes par les sœurs de charité 116
Population mixte qu'on rencontre à Alger 118

CHAPITRE QUATRIÈME

DES INSTITUTIONS CHARITABLES D'ALGER

Le clergé français et les sœurs de charité dressent partout des tentes pour donner des vivres et des vêtements aux Arabes décimés par la famine. 128
Orphelinat de Saint-Charles fondé par Mgr Lavigerie abritant trois ou quatre cents petites filles arabes employées surtout aux travaux agricoles. 131
Orphelinat près de la Kasbah, fondé par Mme la maréchale de Mac-Mahon. 132
Orphelinat situé près de la Maison carrée. Huit cents garçons défrichent et cultivent sous la direction des frères Geronimo. 135
Un type parfait de colonisation. . 135
Notre-Dame d'Afrique. 137
Les frères des écoles chrétiennes chassés de leur maison campent et font l'école dans la cour de l'évêché. 138
Les autorités radicales ferment les écoles et la pharmacie des sœurs de charité 140
Une chute profitable. 141
Opinion des Arabes relative aux questions religieuses 141
L'hôpital militaire des sœurs de charité reçoit des cargaisons de blessés et des varioleux. 142
Les Petites Sœurs des pauvres, les dames du Sacré-Cœur, les sœurs de Bon-Secours. — Une sœur de charité prisonnière à Metz. 143
Monastère de la Trappe à Staoüeli. 148
Les incendies allumés par les Arabes 157
Les Alsaciens-Lorrains venant coloniser 158

CHAPITRE CINQUIÈME

CHERCHELL ET TIZI-OUZOU

Koléah.	162	Intérieur kabyle.	180
Lac Halloula	163	Costume kabyle.	182
Khour-er-Roumia, dit tombeau de la Chrétienne.	164	Politique et organisation du gouvernement kabyle.	184
Établissements des sœurs de charité à Koléah.	165	Le fort Napoléon et les cimes de la Djurjura.	185
Thermes romains à Cherchell.	167	La religion des Kabyles.	187
Le cirque où furent martyrisés s^t Marcien, s^t Servien et s^{te} Aquila	168	Excursion au col de Tivordat.	189
		Village kabyle.	190
Les vapeurs pestilentielles d'El-Affroum	170	Femmes kabyles.	191
		Excursion à Aït-l'Hassen.	193
La Maison carrée	173	Une réception chez les Kabyles.	194
Excursion en Kabylie.	178	De la race kabyle.	198

CHAPITRE SIXIÈME

CONSTANTINE

Les péripéties d'une mauvaise traversée	206	Prise de Constantine par le général Lamoricière	218
Dellys et Bougie.	207	Cathédrale de Constantine (ancienne mosquée de Souk-en-Rezel)	220
Caverne du célèbre Raymond-Lulle.	208	La gorge sauvage du Rummel.	222
Djidjelli.	212	La Roche tarpéienne de Constantine	222
Philippeville, établissement des sœurs de charité	215	Inscription latine se rapportant au martyre de Marino, de Jacob et de leurs compagnons	223
Les dangers de la voie ferrée de Philippeville à Constantine.	216		

CHAPITRE SEPTIÈME

BATNA, LAMBESSA ET AUTRES VILLES DE LA PROVINCE DE CONSTANTINE

Le Medràsen.	232	Le défilé d'El-Kantra, ses cascades, ses gorges et ses roches gigantesques.	240
Lambessa et ses ruines romaines.	233		
Les sœurs de la Doctrine chrétienne au pauvre village de Batna	237	Halte dans un caravansérail	243

Arrivée à Biskra par un orage effroyable. 244
Les Biskris. 245
Les sœurs de la Doctrine chrétienne au milieu des oasis et des déserts du Sahara. 246
Le palmier-dattier, ses fruits, sa culture dans le Ziban. Ses soixante-dix variétés. 248
Un coucher de soleil au désert. . . 251
Promenades dans les oasis du Ziban 253
Les sources chaudes sulfureuses de Biskra. 255
Oasis de Sidi Okbar une des plus belles du Ziban. 257
Mosquée de Sidi Okbar, la plus ancienne de toute l'Algérie. 258
Un dîner chez le caïd. 261
Sidi-Becker. 262
Le costume des femmes de Biskra. 263
La cruauté d'un spahi pour son cheval. 266
El-Outaïa. 268
Guelma bâtie sur l'ancienne Calama. 273

Souk-Harras, l'antique Tagaste, où naquit saint Augustin. 274
Vallon et cours de la Seybouse. . 275
Les Sources chaudes sulfureuses Hammam-Meskhroutin (les bains maudits). — La Légende des bains maudits. 276
Retour à Guelma. 282
Bône et son antique Kasbah. . . 284
Les cigognes et leurs habitations sur les minarets. 285
Cathédrale de Saint-Augustin à Bône. Hippone, l'antique Ubbo. Saint Augustin y est ordonné prêtre et y compose ses premiers ouvrages. 287
Orphelinat, dirigé par les sœurs de la Doctrine chrétienne, aux environs d'Hippone, 200 enfants y cultivent des jardins. 289
Mokta-el-Hadid et ses mines de fer. 289
Vieux fort génois du cap de Garde. 292
Carrières de marbre dont les Romains tirèrent les matériaux des principaux monuments d'Hippone. 292

CHAPITRE HUITIÈME

DU GOUVERNEMENT FRANÇAIS EN ALGÉRIE

Le système de gouvernement d'Abd-el-Kader. — Les khalifas, les aghas et les caïds. 298
La soumission du Sahel et du Tell. Conquête de la Kabylie et d'une partie du Sahara. 300
Investiture des caïds. 302
Des impôts arabes. 306
Opinion du comte Stackelberg sur la nécessité d'une armée d'occupation considérable. 308

Insurrections fomentées sur les frontières de l'algérie d'un côté par les Marocains, de l'autre par les Tunisiens. 309
Opinion du comte Stackelberg sur la fertilité merveilleuse de l'Algérie et sur ses incomparables richesses agricoles. 310
Richesses minérales considérables. 310
Espoir d'une colonisation par les Alsaciens-Lorrains. 314

CHAPITRE NEUVIÈME

TUNIS ET CARTHAGE

La vie à bord	319	Deux nouveaux chrétiens mis à mort	334
Le cap Rosa, la Calle	320	Du costume exact des femmes tunisiennes de haut rang	336
La pêche du corail	320		
Goletta	321	Une chasse à courre. — M'ammed-Dieh, ancien palais des beys de Tunis	338
Tunis	322		
Les bazars merveilleux de Tunis	324		
Les Shasheeabs. — La fontaine de Zouban, ses eaux employées pour rendre les couleurs inaltérables	326	Le Lac Salé et les montagnes de Djebel-Rosas	339
Les eaux du mont Zaghwan	328	La chapelle élevée au lieu même où saint Louis rendit le dernier soupir	341
Des maisons mauresques et de leur ornementation	330		
Chevaux d'attelage ayant la queue et trois jambes teintes en jaune (usage tunisien)	333	Carthage, ses ruines. — Sainte Monique	344
		L'eau de source des monts Zaghwan	346
		Un mariage tunisien	347
Un fils de saint François, le père Batrier, allant retrouver, comme aumônier volontaire, les soldats français en 1881	333	La préparation du henné	349
		Des levers de soleil en Afrique	351
		Dernières visites	352
		Adieux à l'Algérie	353

www.ingramcontent.com/pod-product-compliance
Lightning Source LLC
Chambersburg PA
CBHW070442170426
43201CB00010B/1189